Bij dobru bitku vjere

Igraj svoju ulogu u Božjoj razvijajućoj drami

Kurikulum za učeništvo – Sveti korijeni

od Rev. Don Allsman i Rev. Dr. Don. L. Davis

TUMI Press
3701 East 13th Street North
Wichita, Kansas 67208

Institut urbane misije * služba Utjecaj na svijet

Ova je knjiga napisana u čast

Onih koji rade učeništvo i mentoriraju nove i rastuće vjernike...

Pastorima, učiteljima, mentorima, duhovnim vođama, disciplinatorima –
svima koji nude duhovno nadgledništvo i prijateljstvo   ljubljenim svetima,
čija je želja konstantno jačati i izgrađivati Kristove sljedbenike
i čiji napori da ljubavi, tiješe, upućuju i jačaju ih
kroz to što su korišteni od Duha Svetoga svugdje po svijetu.

Mi slavimo Božju milost dok oni upotrebljavaju svoje darove kako bi podigli
novu generaciju duhovno kvalificiranih radnika
i time proslavili Gospodina Isusa I širili njegovo Kraljevstvo.

• • •

Mojoj ekipi iz Fairmount Park Daybreak jer su još prije dosta godina
vjerovali u snagu investiranja
u mlade urbane vođe poput mene za Kraljevstvo.

- Don Davis

• • •

Shirley Isaacu, mom drugu iz 6-tog razreda koji me upoznao
sa Isusom i Evanđeljem, i Theron Fribergu, mom omladinskom
vođi iz vremena srednje škole, koji mi je prenjeo svoju ljubav
prema Bibliji i naučio me kako hodati u Duhu.

- Don Allsman

• • •

Ono što si od mene čuo pred mnogim svjedocima
povjeri vjernim ljudima koji će biti sposobni također podučavati druge.

- 2 Timoteju 2:2

SADRŽAJ

Uvod

Učeništvo nije prenošenje znanja, nego prenošenje života.

~ Juan Carlos Ortiz

Pozdrav, suborci, u snažnom imenu našeg Gospoda Isusa Krista!

Naše je zadovoljstvo ponuditi naš materijal za rast učenika/ratnika u Kristu, da biju dobru bitku vjere: igraju svoju ulogu u Božjoj razvijajućoj drami. Ovaj udžbenik predstavlja naš nacrt drame u Pismu, napisan sa fokusom na učenje što sama Biblija ima reći u vezi ključnih dimenzija našeg učešća u Božjoj velikoj priči. Uvjereni smo da je prava priča o Svijetu, njegovoj svrsi I sudbini, zapisana u Bibliji. Pismo pokazuje Boga kao autora života, koji kreira univerzum, daje obećanje Abrahamu i šalje sjeme koje će blagosloviti sve porodice na svijetu. Bog se objavio svom vlastitom narodu – Izraelu, toj naciji iz koje je doveo Mesiju, svog pomazanika. Isus je bio sluga, izabran od Boga, da dođe u svijet, pobijedi smrt, poništi prokletstvo i uspostavi vladavinu među ljudima.

Uistinu, Mesija jeste došao kroz svoj narod, Izrael i mi znamo tko on je: Otkupitelj i Kralj, Isus iz Nazareta. Pismo svjedoči o Isusovoj slavi, onom koji je otkrio čovječanstvu Očev slavni plan i slavu, otkupiti nas od naših grijeha smrću na križu i uskrsnućem iz mrtvih, onaj koji će uskoro obnoviti sve nakon svog Drugog dolaska. Kada se pokajemo i povjerujemo Isusu kao Gospodu i Spasitelju, ova velika pričam postaje naša vlastita, začuđujuća priča o milosti i ljubavi, predivna drama koja nas poziva da živimo i dijelimo sa drugima u Božjoj porodici, crkvi.

Pregled lekcije: Kako boriti dobru bitku vjere

Ova knjiga je napisana kako bi čitaocu ponudila jasan, lak za usvojiti, pregled velikih pitanja i naglasaka u priči, kako bi ti pomogla da razumiješ i kako da se stoga odnosiš prema Bogu i drugima dok to živiš u crkvi. Namijenjena je da ti da gladnom, rastućem vjerniku, devet integriranih lekcija koje daju pregled ključnih elemenata Priče, pažljivo uzimajući u obzir svaki pojedini i diskutirajući ga kako se odnos na vas kao novog učesnika i Božjoj Kozmičkoj priči. Diskutirajući specifične istine iznesene od apostola Pavla u poslanici Efežanima, lekcije su dizajnirane da te utemelje u osnovama Kršćanske vjere i hoda. Ovdje su naslovi lekcija i kratki opis svake pojedine lekcije.

Lekcija 1 je nazvana Ep u kojem se pronalazimo: Spajanje naše priče sa Božjom pričom. Ova lekcija pomaže ti da znaš da Bog univerzuma, Svemogući Bog, je jedini, istiniti i vječni Bog, egzistira u tri osobe: Otac, Sin i Duh Sveti. On je sve stvorio, vidljivo i nevidljivo, i načinio čovjeka na svoju sliku. Ova lekcija diskutira pobunu Sotone i prvog ljudskog para, Adama i Eve, i kako je kroz njihovu neposlušnost cijelo stvorenje bilo prokleto. Bog, unatoč tome, daje nam obećanje Spasitelja koji će nadvladati zlo i zadobiti sve nazad za Božju slavu.

Lekcija 2, Upisivanje koje činimo: Prihvaćanje naše uloge u kozmičkom sukobu doba, diskutira kako je Isus iz Nazareta pobijedio sotonu i oslobodio nas prokletstva kroz bezgrešan život i smrt umjesto nas. Sada kroz pokajanje (okretanje od naših grijeha ka Bogu) i vjeru (vjerovanje u istinu s obzirom na Isusovo djelo), mi ulazimo u Božje kraljevstvo. On nas spašava svojom milošću, kršteni smo u Tijelo Kristovo i dan nam je Duh Sveti da nam pomaže u našem kršćanskom životu.

Lekcija 3, Ulaz kojeg smo dobili: Povezivanje našeg života sa životom u Bogu u Kristu, poučava vas kako ste sjedinjeni sa Kristom po vjeri (sada smo u Kristu). Zbog tog sjedinjena, primate i iskusujete sve što Isus jeste i što osigurava. Kroz Božjeg Duha, mi postajemo članovi njegovog doma, sa Isusom Kristom kao zaglavnim kamenom, i apostole i proroke kao osnovom tog doma. Svaka lokalna zajednica vjernika funkcionira kao zajednica Božjeg Kraljevstva, predstavljajući interese samog Neba. Mi kao vjernici služimo kao ambasadori i predstavnici tog Kraljevstva.

Lekcija 4 zove se Talent koji primamo: Uloga Duha Svetog u Božjoj bitci vjere. Ova lekcija naglašava kako Duh Sveti prebiva u svakom vjerniku, dajući svakom dar za služenje crkvi. Slobodni smo u Kristu prakticirati naše darove među drugim vjernicima, kako nam Duh Sveti pruža priliku, usmjerava nas i osnažuje. Rastemo dok svaki vjernik služi zajednicu u jedinstvu i ljubavi.

Lekcija 5, Savršenost koju pokazujemo: Živjeti kao Božji svet i ambasadori Krista u ovom svijetu, gdje vidimo da smo pozvani oponašati Boga kao Njegova draga, ljubljena djeca. Mi smo učinjeni Božjim svetcima (svetima) u Kristu, i trebamo predstavljati Boga pred drugima kao njegovi vlastiti sveti, zahvalni ljudi. Također smo nazvani njegovim ambasadorima, da dijelimo Radosnu vijest spasenja sa našim prijateljima, porodicama i komšijama, i činiti dobra djela ljubavi, djela Kristova, u službi drugima.

Lakcija 6, Pouka koju tražimo: Međusobno izgrađivanje u tijelu Kristovom razrađuje ideju kršćanskog života koji je namijenjen da se živi u zajednici, da rastemo zajedno kao Božja porodica, da budemo tijelo Kristovo i hram Duha Svetoga. Pozvani smo da živimo život u Kristu zajedno sa drugima, otkivamo zajedno istine o Njemu, slavimo Boga i rastemo kao učenici

Kristovi dok smo skupa u crkvi i malim grupama. Dok tako radimo mi se izgrađujemo (posvećujemo) u vjeri, te dolazimo da učimo kako se jedni drugima podlagati u štovanju (poštovanju) Krista.

Lekcija 7, Neprijatelj s kojim se borimo: Hodajući u pobjedi protiv Božjeg neprijatelja, opisuje prirodu velike priče kojoj smo se pridružili. Svemir je u duhovnom ratu - đavo i kraljevstvo tame se bore protiv Gospodina Isusa Krista i Kraljevstva svjetla. Kroz svoj život, smrt i uskrsnuće, Isus je osvojio pobjedu nad našim neprijateljem, đavlom, koji i dalje nastavlja djelovati prevarom u ovom palom svjetskom sustavu i našoj staroj grešnoj prirodi, tj. "Željama tijela". dok hodamo po vjeri u Krista i budimo budni za đavlov pokušaj da nas prevari lažima i obmanama.

Lekcija 8 nosi naslov Oprema koju koristimo: Oblačenje pune Božje bojne opreme. Objašnjava kako je Bog svakom vjerniku osigurao neophodnu bojnu opremu kako bi se odupreo neprijatelju i da ostane stajati kad je pod napadom. Istina Svetog pisma (Riječi Božje) pomaže nam da identificiramo, stanemo protiv, i zamijenimo laži koje neprijatelj protiv nas usmjerava, i Duh Sveti nas jača za bitku dok prakticiramo duhovne discipline, kako sami tako i sa drugim vjernicima.

Lekcija 9 je naša završna lekcija, nazvana Ustrajnost koju pokazujemo: Postojanost svetih. U ovoj lekciji vidimo kako nas centralni princip odrastanja u Kristu naučava da ustrajemo, ostanemo budni, i da ne budemo uhvaćeni u nepažnji. Kao postojani u Kristu, trebamo nastaviti i ići naprijed do primanja nagrade, bez obzira koliko teško bude. Duh Sveti će nam dati snagu da ostanemo istiniti u našem pozivu, dok vjerno predstavljamo Krista, on će nas koristiti da osnažujemo druge vjernike u bitci.

Plan svake lekcije: njeni dijelovi i elementi
Svaka je lekcija podijeljena u specifične dijelove, tako da se svaki element fokusira na nešto neophodno za teþe da sudjeluješ dok kroz to ideš. (Posebno je važno to primijetiti ako prolaziš kroz ovu knjigu zajedno sa drugima, kao vođa ili voditelj male grupe)

Ciljevi lekcija. Ti ciljevi, tri za svaku lekciju, pomažu ti da razumiješ točno šta trebaš razumjeti i vjerovati kad prođeš lekciju, bez obzira da li ju proučavaš sam ili sa drugima.

Uvodna molitva za mudrost. Ta molitva, za koju te ohrabrujemo da ponavljaš i moliš naglas, traži od Gospoda da pripremi naša srca prije nego uđemo u proučavanje Biblijskih istina, tako da možemo razumjeti i primiti ono što Gospod ima za nas.

Kontakt. Odjeljak nazvan kontakt je „priprema, pozor, start" odjeljak koji ti omogućuje da započneš sa lekcijom razmišljajući o stvarnim životnim pitanjima, problemima i situacijama u odnosu na ideju lekcije. Provedi dovoljno vremena na tim primjerima, pažljivo promisli o implikacijama tih pitanja. One će izoštriti tvoje razmišljanje i istraživanje dok nastavljaš kroz svaku lekciju.

Sadržaj. Odjeljak "Sadržaj" daje uvodno objašnjenje materijala kojeg upravo idemo proučavati, i daje prava pitanja i Biblijske reference za koje dajemo odgovore i tražimo ih u svakoj lekciji.

Sažetak. Nakon što pogledamo u Svetom pismu, odgovorimo na pitanja u odjeljku "Sadržaj", svaka lekcija osigurava kratki, kompaktni sažetak ključnih ideja i istina koje je „Sadržaj" namijenio istražiti. To je od pomoći kao vaš vodič, da provjeri da li si usvoji ili ne tu „veliku ideju" date lekcije kroz lično proučavanje Svetog pisma.

Dodatci. Kreirali smo i dodali prikladne grafikone, članke i dokumente u dodatku koje može uvelike poboljšati tvoju sposobnost razumjeti i primijeniti sadržaj lekcije. Razumij referiranje na „Dodatke" u ovom odlomku, kao nešto relevantno da obogati tvoje razum-jevanje temeljnih principa i ideja u svakoj pojedinoj lekciji.

Ključni principi. Ovaj odjeljak lekcije obično sažima cjelokupno učenje te lekcije u jednoj rečenici ili citatu.

Proučavanje primjera. Ovaj važan odjeljak pruža ti priliku da razmišljaš o primjenama onog što učiš u kontekstu mogućih i stvarnih slučajeva. Istina nije samo zbog razmišljanja i rasprave; učeništvo je stvarni život, stvarni problemi s kojima se ljudi hrvaju i koji utječu na njihove živote. Namjera im je izazvati vaše razmišljanje i pomoći vam, kao rastućim učenicima, razumjeti kako povezati Priču i njezinu istinu s vašim pričama i istinama. Poznavanje istine nije da nas učini pametnima, nego da nas oslobode (Ivan 8:31-32).

Ono što je važnije od "pravog odgovora" je "skromno učenje". U proučavanju Biblije vidjet ćete da često iz našeg istraživanja ne proizlazi nijedan jasan i točan odgovor. Umjesto toga, pozvani smo razmišljati, ponizno se baviti proučavanjem, testirati sve i držati se onoga što je dobro (1 Sol 5:21). Koristite ove slučajeve da istražite moguća značenja onoga što ste upravo naučili, i budite otvoreni dopustiti Duhu da promijeni način na koji razumijete različita pitanja s kojima ćete se susresti u lekcijama.

Povezanost. Ovaj se odjeljak fokusira na aktualizaciju („djelovati prema") istinama date lekcije. Moraš povezati ono šta učiš sa načinom svog razmišljanja, govora, poimanja i odnosa prema drugima. Stoga, traži moguće načine da povežeš ono šta učiš sa vlastitim životom u ovom odjeljku.

Potvrda. Ovaj sažeti dio uključuje istine izvučene iz ovih materijala u lekciji koje možemo i trebamo ispovjedati i potvrđivati kroz sedmicu.

Molitva. Uključujemo molitvu značajnih ličnosti u crkvi, da dobiješ osjećaj kakve zamolbe i molitve su oni molili u svezi sa temama lekcija kroz povijest crkve.

Vapaj srca Bogu. To je molitva koju trebaš moliti na kraju lekcije. Molitve mogu biti skicirane i napisane (poput onih u Psalmima u Bibliji)! Te nam molitve mogu pomoći da Gospoda pitamo posebnu milost da primimo i utjelovimo istine koje nas je naučio u ovoj lekciji. To su molitve poniznosti, preklinjanja i povjerenja. Moli ih tiho i naglas, kako te Duh vodi.

Za dodatno proučavanje. Te su stavke tebi dani prijedlozi ako želiš učiti više na temu pokrivenu datom lekcijom.

Za slijedeću sesiju. Te stavke daju pregled predmeta i tema iduće lekcije u seriji, i nude ti lijep, koncizan pogled onog šta je pred tobom i slijedećoj lekciji.

Pamćenje stiha. Mi snažno vjerujemo da ako pohranimo Riječ (zapamtimo) u našim srcima, nećemo griješiti protiv Gospoda (Ps. 119:11). Znati Riječ napamet je efikasno ohrabrenje srca i spremno sredstvo protiv neprijateljevih laži. Stoga će svaka lekcija sadržavati jedan stih za pamćenje, tako da budeš predan zapamtiti bar jedan biblijski tekst koji će te podsjećati na naučene istine i pomoći ti dok ideš kroz sedmicu i sedmice koje dolaze.

Zadatci. Završni dio sadrži određene „uzmi" i zadatke da uradiš dok završavaš lekciju. Namijenjeni su da budu praktični i od pomoći. Ako djeluješ po tim zadatcima, uzmeš ih ozbiljno uradiš te zadatke točno i iskreno, tvoje će se učenje materijala uvelike umnožiti. Dizajnirani su tako da ti pomognu rasti u Kristu, uz informacije u svijetlu lekcije koju proučavaš. Dakle, molimo vas uradite zadatke, i radite ih na vrijeme. Značajno ćete unaprijediti vaše učenje ako ne samo, jednostavno razmišljate o istinama, već ih također stavite u praksu.

Bij dobru bitku vjere: Igraj svoju ulogu u Božjoj razvijajućoj drami. (Kurikulum praćenja svetih korijena)

Postati kršćanin znači pridružiti se Božjoj priči, priči koju Bog govori i ispunjava kroz svo vrijeme! Njegova priča o otkupljenju i ljubavi, spasenju i nadi, o borbi i pobjedi, sada je postala vaša Priča. Sveti korijeni ove Priče vraćaju se na početak vremena i šire se u nadu slavnog Kraljevstva pod Kristovom vladavinom. Vjerom u Gospodina Isusa, vi ste oslobođeni grijeha, oslobođeni kazne i ropstva i uključeni u bitku. U ovom priručniku saznat ćete kako staviti cijelu Božju bojnu opremu, prepoznati laži neprijatelja i naučiti rasti s drugim vjernicima. Vi ste postali uključeni u bitku, pa naučite kako se boriti u dobroj bitci, znajući da bitka za duhovnu pobjedu pripada Gospodinu.

John Eldredge, pastor koji je mnogo pisao o duhovnom ratovanju, kaže da je "priča o vašem životu priča o dugom i brutalnom napadu na vaše srce od strane onoga koji zna što bi ti mogao biti - i boji te se." On zna što je Bog spremio za vas dok učite predstavljati Krista pred vašom obitelji i prijateljima, vašim suradnicima i susjedima. Morate naučiti voditi bitku. Ovo je „sljedbenički" kurikulum koji će vam pomoći da znate kako započeti kršćanski život s pravom perspektivom i alatima da bijete dobru bitku vjere. Ovaj će vam priručnik pokazati kako.

Stu Webber, umirovljeni vojni časnik, a sada pastor, pisao je o prirodi duhovnog sukoba koji svaki kršćanin, bilo da je mlad u Gospodinu ili iskusan ratnik, svakodnevno doživljava:

~ Stu Webber.
Duhovni
Ratnici. Sestre,
OR: Multnomah
Publishers,
2001, p. 16.

Svaki kršćanin je hodajuća bojišnica. Svaki vjernik nosi duboko u sebi strašan sukob. I većina nas će gravitirati bilo čemu što će nam pomoći u bitci. Nazovite to borbom između tijela i duha. Nazovite to potragom za pobjedničkim kršćanskim životom. Nazovi to kako želiš. Ali to je rat koje možeš biti nokautiran. A kada je gotovo, želiš biti među onima koji još uvijek stoje. Načela rata podučavaju se na vojnim akademijama širom svijeta. U većini slučajeva, duhovno ratovanje se ne razlikuje od fizičkog ratovanja. Svaki vojnik koji očekuje ne samo da óo preživjeti, nego i pobijediti, mora razumjeti i primijeniti ova načela u svojim svakodnevnim bitkama "protiv moći ovog mračnog svijeta i protiv duhovnih sila zla u nebeskim prostorima (Efežani 6:12b).

Možeš više nego preživjeti. Možeš pobijediti, i u tvojoj pobjedi Krist će biti počašćen. Zamolite Boga da vam da mudrost i snagu dok učite istine njegove Riječi. Tražite uvid da biste razumjeli njegovu istinu, hrabrost da je primijenite na svoj život, i ljubav da je podijelite s drugima. Pozivamo vas da učite s nama, da učite od Duha, jer vas poučava da se borite za dobru bitku vjere. U ime Don Allsmana, mog suautora i kolega vojnika, i cijelog našeg osoblja TUMI-ja, koji su dali vrijeme i trud ovom projektu - zahvaljujemo Bogu za vaš život. Naša iskrena molitva je da odigrate svoju ulogu u Božjoj priči o spašavanju i obnovi njegova stvaranja. Imate važnu ulogu.

Dobrodošli u obitelj, dobro došli u bitku!

Dr. Don L. Davis
Wichita, Kansas, Advent 2014

EP U KOJEM SE PRONALAZIMO
Spajanje naše priče sa Božjom pričom

> Bogata milost Božja obasjava nas koji vjerujemo svojom mudrošću i uvidom u Gospodinu. On nam je obznanio tajnu svoje volje, koja je usidrena u njegovoj vlastitoj svrsi koja je u Kristu, veličanstveni plan koji se sada otkriva u punini vremena, Božji plan koji treba ujediniti sve u Kristu, njegovom Sinu, uključujući sve stvari na nebu i stvari na zemlji.
>
> ~ Pavao Efežanima (Ef. 1:8-10)

Ciljevi

Do kraja ove sesije, trebate prigrliti Ep u kojem se pronalazimo vjerujući da:

- Bog svemira, Gospodin Bog Svemogući, je jedan, istiniti i vječni Bog, koji postoji u tri Osobe: Ocu, Sinu i Duhu Svetom.
- Bog je Stvoritelj svih stvari, vidljivih i nevidljivih, te je stvorio ljudska bića na vlastitu sliku.
- Zbog pobune Sotone i prvog ljudskog para, stvorenje je prokleto, ali Bog je obećao i ima plan da nadvlada zlo i pobijedi sve kroz Spasitelja, Gospodina Isusa Krista.

Uvodna molitva za mudrost

Vječni Bože, Oče moj, u svojoj Riječi govoriš da si ti izvor sveg znanja i mudrosti. To priznajem kao istinu, dragi Oče, i molim da mi daš tvoju mudrost, da bih mogao ispravno podijeliti Riječ istine (2 Timoteju 2,15). Molim te da me uputiš i poučiš na način na koji bih trebao ići (Ps 32,8) i usmjeriti moje korake. Priklonite moje uho da čujem tvoj glas, a sada me ispravi u načinu na koji mislim i govorim, i vrati me gdje sam zalutao.

Oče, podari mi dar razlučivanja i osposobi me dok učim razlikovati između pobožnih i bezbožnih učenja, duhova i darova. Pokažite mi po Duhu Svetom što je tvoja volja i daj mi uvid u to kako mogu izvršiti tvoje nakane cijelim svojim srcem.

....

* Sotona - Sotona je osobno ime đavla, protivnika Boga i čovječanstva.

*Ljudski par - Adam i Eva stvoreni su od Boga kao prvi muškarac i žena, stvoreni na Božju sliku da bi bili u odnosu s Bogom, obavljali smisleni posao i uživali u bogatstvu savršenog Božjeg svijeta.

13

Dragi Bože, molim te pomozi mi da budem brz da čujem i slušam, spor da govorim i spor na ljutnju (Jakov 1,19). Riječi mojih usta i misli moga srca neka ti budu ugodne. Dopustite mi da govorim tvoju istinu s mudrošću da bi svi s kojima govorim mogli razumjeti i imati koristi od tvoje istine.

Uči me sada kroz ovo proučavanje, dok primam tvoju Riječ i pouku. To te tražim u snažnom imenu Isusa, mog Gospodina i Spasitelja, Amen.

Kontakt

*Božanstva - Božanstva su nadnaravna bića ili bogovi koji imaju veliku moć.

1. **Jesmo li mi jedini u svemiru?** Mnogi Holivudski filmovi prikazuju vanzemaljski život u svemiru, obično povezan s negativnim ili zlim stvarima. Tisuće ljudi vjeruju da mi nismo sami u svemiru, iako bi ubrzo sugerirali da nemaju pojma gdje je taj život ili što je to. Drugi vjeruju da je čovječanstvo samo po sebi u golemom moru sunca i galaksija nebeskih tijela. Neki vjeruju da smo se formirali samo kroz prirodne procese, drugi putem božanstava*, drugi snažno sugeriraju da nitko ne može znati takve stvari. U odrastanju, od djetinjstva, kakvi su bili vaši stavovi o tome odakle smo došli i koje ste ideje učili o podrijetlu nebesa i svijeta?

2. **"Jednom davno...!"** Većina nas je odrasla slušajući priče kao dijete - dječje pjesmice, bajke i druge priče namijenjene djeci, podučavane kod kuće, u crkvi ili u školi. Gdje god ljudska bića žive u svijetu, oni vole slušati i pričati priče. Filmovi, knjige, komičari, TV emisije, dokumentarci, društveni mediji, novine i radio - svaki dan čujemo desetke priča, neke istinite, neke lažne, neke inspirativne, druge sramotne. Bi li vas iznenadilo da Biblija govori sama jednu, veliku priču? Sveto pismo je biblioteka knjiga (sveukupno 66 knjiga, koje su pisali mnogi autori kroz 1500 godina), ali govore jednu priču - o Bogu i njegovoj želji da spasi svoje stvorenje.

   Što općenito mislite o pričama? Jeste li ikada čuli da Biblija govori jednu priču o Bogu i njegovu spasenju? Koje su neke od razlika između mnogih priča o kojima smo čuli ili o kojima smo čitali i pojedinačne priče koju su autori Biblije ispričali o Bogu i njegovoj ponudi spasenja svijetu?

3. **"Koliko mogu reći, ja ne vidim plan."** Od početka vjere, ubrzo nakon vremena apostola, vjernici su potvrdili svoj osnovni sistem vjerovanja u izjavama koje se nazivaju „vjerovanjima". Dva najpriznatija i najcjenjenija u povijesti, čak i do danas, su Apostolsko vjerovanje i Nicejsko vjerovanje (vidi Dodatak). Ove dvije koncizne ispovijesti vjere sažimaju biblijsku viziju o tome tko je Bog, što je učinio u Kristu i kako će stvorenje biti obnovljeno, u Božjem vremenu i po njegovu načinu.

Mnogi ljudi koji ne vjeruju, međutim, tvrde da je kozmos (svemir) formiran slučajno, bez cilja ili svrhe, od strane onoga koji ga je pozvao na postojanje. Kažu da ne postoji plan koji povezuje sve zajedno, i nema jedinstvenog objašnjenja koje bi nam pomoglo da znamo zašto smo ovdje, kamo idemo i kako će sve ispasti. Ateisti (oni koji poriču da postoji Bog) kažu da je glupo misliti da postoji ili Bog ili neki veći plan za život. Tvrde da, budući da ne postoji Bog, nego samo ono što postoji u svemiru, ne postoji sudbina ili svrha života i svijeta. Agnostici (oni koji kažu da nikada ne možemo znati postoji li Bog) kažu da, čak i ako Bog postoji, ne možemo ga znati / to / nju, a najbolje što možemo učiniti jest nadati se da će se stvari ispasti dobro - možda! Kako nam Apostolsko i Nicejsko vjerovanje pomažu da odgovorimo na primjedbe onih koji tvrde da ne postoji ni Bog niti plan za svemir?

Sadržaj

U Bibliji otkrivamo priču o Bogu i čovječanstvu, usredotočenu na Isusa Krista našeg Gospodina. Ali ova epska priča je više od onoga o čemu čitamo; to je nešto u čemu sudjelujemo. Kao Isusov sljedbenik, sada imate novi identitet i igrate ulogu u epu u kojem se pronalazimo.

Svemir je stvorio Suvereni* i Trojedini * Bog: Otac, Sin i Duh Sveti. Živeći prije vremena, boraveći u vječnoj slavi i iz ničega, Bog je odlučio stvoriti svijet u kojemu će ljudska bića, stvorena na njegovu vlastitu sliku, moći iskusiti puninu njegova stvaranja. Ali ovaj je svemir bio bačen u kaos od pobunjenog anđeoskog* princa, Sotone. S namjerom da zbaci Božje kraljevstvo, đavao je iskušavao prvi ljudski par (Adama i Evu) da se pobune protiv Boga, ostavljajući čovječanstvo pod prokletstvom i bez nade za oslobođenje.

Suočen s ovom pobunom, Bog je odlučio podići Pobjednika, Otkupitelja, koji će otkupiti čovjekov pad i zauvijek ukloniti učinke Prokletstva. Kroz Abrahama, Bog je sklopio savez obećanja da će dovesti Mesiju (pomazanika) i podići narod iz kojeg će doći Mesija (Izrael). I, u punini vremena, Otac je poslao Sina, Isusa, da otkrije svoju slavu, otkupi svoj narod i spasi njegovo stvorenje. Isus je pokazao mudrost Kraljevstva kroz svoje učenje, moć i čuda. Kad je dobrovoljno dao svoj život umirući na križu, platio je kaznu za naš grijeh* i uništio đavolja djela. Bog je uskrisio

....

*suveren - Suveren se odnosi na neograničenu moć s kontrolom nad poslovima prirode i povijesti.

*Trojedini - Trojedini je drugi način izgovaranja "tri osobe, ali jedan Bog". Ponekad se riječ "Trojstvo" koristi za označavanje Jednog Boga, ali tri osobe.

*anđeoski - Anđeli su nadnaravna bića stvorena od Boga koji imaju veću moć i inteligenciju od ljudi.

*Grijeh - Grijeh je neuspjeh u činjenju onoga što Bog želi, bilo u onome što kažemo, onome što radimo ili onome što mislimo.

Isusa iz mrtvih, a četrdeset dana kasnije uzašao je na nebo kao pobjednički Gospodin. Pedesetog dana nakon svog uskrsnuća, on je poslao Duha Svetoga da osnaži rastuće zajednice Isusovih učenika*, Crkvu *. Kao obitelj Oca, Kristovo tijelo i hram Duha Svetoga, Crkva je opunomoćena da poziva ljude posvuda da se pridruže ovoj epskoj priči. Kada se završi naša dobra borba vjere, Isus će se vratiti kako bi uspostavio Božje Kraljevstvo u cijelom svemiru, gdje će se tuga, bolest i smrt završiti i on će zauvijek vladati svojim narodom. Slava njegovom imenu!

> Osobito treba da ova pitanja gore kad se okrenemo biblijskoj priči, u kojoj se sastojak preokreta udvostručuje i utrostručuje. Okrenuti stranicu u toj knjizi priča, Priča tj. Biblija, znači suočiti se s preokretima iznova i iznova. Kao što je netko od nas pisao negdje drugdje, "U presudnim trenucima kada je Bog pokazao svoja moćna djela u povijesti da bi otkrio svoju prirodu i volju, Bog je također intervenirao kako bi oslobodio siromašne i potlačene." Trenuci intervencije su također trenuci preokreta, trenuci kada ono što bi se moglo očekivati nije ono što čovjek dobiva, kada oni za koje svijet smatra da su beznačajni pokazuju se upravo onima koje Stvoritelj svijeta smatra važnim.
>
> ~ Ronald J. Sider i Michael A. King.
> Propovijedanje o životu u prijetećem svijetu.
> Philadelphia: The Westminster Press, 1987, str. 56-57.

> Osim Krista, Biblija je zatvorena knjiga. Čitajte s njim u središtu, to je najveća priča ikad ispričana. Biblija je trivijalizirana kada je svedena na životni priručnik s uputama. Prema apostolima - i samom Isusu - Biblija je drama s Isusom Kristom kao njezinim središnjim likom.
>
> ~ Michael Horton. Bezbožno kršćanstvo.
> Grand Rapids, MI: Baker Books, 2008, str.

....

*uzašao na nebo - Isus je fizički napustio zemlju i otišao u nebo dok su ga njegovi sljedbenici promatrali. Nakon njegove smrti i uskrsnuća, njegovo uzašašće bilo je pobjednički izraz, ostavljajući ovu zemlju, da sjedne na njegovu prijestolju na nebu kao pobjednički kralj. On je također pokrenuo dolazak Duha Svetoga, koji osnažuje kršćane svugdje, diljem svijeta.
*učenici - Učenik je učenik ili sljedbenik Isusa. Svaki kršćanin je učenik. Ponekad se pojam "učenik" koristi na specifičan način da označi dvanaest ljudi koje je Isus odabrao da se pridruže njegovoj zemaljskoj službi.
*Crkva - Crkva je zajednica Božjeg naroda koja priznaje Isusa kao Gospodina, koji izvršava njegovu svrhu na zemlji, koji se sastoje od svih prošlih, sadašnjih i budućih, sa svih mjesta na zemlji i kroz povijest.

Ep u kojem se pronalazimo
Lekcija 1 Proučavanje Biblije

Pročitajte sljedeće odlomke Pisma i ukratko odgovorite na pitanja povezana s svakim biblijskim učenjem.

1. Samo Bog Jahve je Bog i on je stvoritelj svemira. Pročitajte Postanak 1:1-3:15.

   a. Koju Bog ulogu igra u ovoj priči?

   b. Kaoju ulogu igraju Adam i Eva u ovoj priči?

   c. Koji dio igra zmija u ovoj priči?

2. Svi narodi su formirani i postoje kroz Božju volju i moć. Pročitajte Djela 17:24-31. Navedite barem tri stvari koje Pavao objašnjava o Božjoj priči dok razgovara s Atinjanima.

3. Bog je govorio čitavom čovječanstvu kroz svoje stvorenje, zatim kroz Izraelove proroke, i konačno, u ovim posljednjim danima kroz Isusa Krista. Pročitajte Hebrejima 1:1-4

   a. Kako pisac opisuje način na koji je Bog govorio čovječanstvu?

   b. Kakvu važnost pisac Hebrejima daje Bogu koji nam govori kroz Isusa?

4. Bog se pridružio priči tako što je postao ljudsko biće i živio na zemlji! Pročitajte Ivan 1:1-14.

   a. Tko je "Riječ", i koji je njegov odnos s Bogom?

   b. Kakav je odnos Riječi sa svim stvorenjem?

   c. Za one koji vjeruju u Riječ, što oni primaju i kako se "rađaju"?

5. Priča o Božjoj ljubavi koja je dana u Isusu treba biti ispričana svim narodima, svugdje. Pročitajte Matej 28,18-20. Koju zapovijed Isus daje svojim sljedbenicima?

6. Evanđelje je Radosna vijest spasenja koja sažima ep u kojem živimo. Pročitajte 1 Korinćanima 15,1-8. Što Pavao kaže je od prve važnosti?

   a. Što je "milost" i zašto je Evanđelje (Dobra vijest) uvijek o "milosti"?

   b. Evanđelje je poruka o tome što je Bog učinio u Kristu. Što se dogodilo?

   c. Nakon što je Isus završio svoje djelo, kome se otkrio?

7. Isus iz Nazareta je središte Božje priče - njegov život, smrt i uskrsnuće. Pročitajte Marka 1:1-13. Kod Isusovog krštenja, usporedite kako se Bog pojavio kao Otac, Sin i Sveti Duh.

   a. Otac   ___ U obliku goluba

   b. Sin   ___ Glas iz neba

   c. Sveti Duh   ___ Isus iz Nazareta

8. Priča koju Bog govori u Isusu priča je o obnovi, iscjeljenju i blagoslovu ranjenih i siromašnih. Pročitajte Izaiju 61:1-4. Navedite pet predviđanja koja Izaija kaže da će Isus učiniti kad dođe da povrati ono što je izgubljeno.

Moje ime je Nee. To je prilično uobičajeno kinesko ime. Kako sam došao do njega? Nisam ga izabrao. Nisam pregledao popis mogućih kineskih imena i odabrao ovo. To što je ime Nee zapravo uopće nije moje djelovanje, štoviše, ništa što mogu učiniti ne može ga promijeniti. Ja sam Nee jer je moj otac bio Nee, a moj otac je bio Nee jer je moj djed bio Nee. Ako se ponašam kao Nee ja sam Nee, i ako djelujem za razliku od Nee ja sam još uvijek Nee. Ako postanem predsjednik Kineske republike, ja sam Nee, ili ako postanem prosjak na ulici još uvijek sam Nee. Ništa što radim ili se suzdržavam od toga neće me učiniti drugim nego Nee.

Mi smo grešnici, ne zbog sebe nego zbog Adama. Ne zato što sam individualno sagriješio pa sam grešnik, nego zato što sam bio u Adamu kad je sagriješio. Zato što sam rođenjem došao od Adama, stoga sam dio njega. Štoviše, ne mogu ništa učiniti da ovo promijenim. Ne mogu se, poboljšanjem svog ponašanja, učiniti ne - dijelom Adama, a time i grešnikom.

~ Watchmen Nee. Normalni kršćanski život.
Fort Washington, PA: Kršćanska literatura Crusaid, 1974., str. 26.

Sažetak

Prema Bibliji, Gospodin Bog Hebreja je jedini pravi Bog, koji se objavio kao jedan Bog u tri osobe (Otac, Sin i Duh Sveti). Bog nam je ispričao svoju veliku priču (tj. Ep) koja govori o njegovoj ljubavi i odlučnosti da spasi svoje stvorenje od propasti. Bog je stvoritelj svemira, koji je sve stvorio od ničega (ex nihilo) i odlučio da će podići ljude kroz koje će doći vođa i Spasitelj. Iako je prvobitno učinio svoj narod bez grijeha, pobunili su se protiv njega, otpali od njegove milosti* i doveli prokletstvo na sve stvorenje i čovječanstvo koje vodi u smrt. Bog je obećao da će poslati Spasitelja koji će platiti cijenu naših grijeha, uzeti na sebe kaznu za našu neposlušnost i dati nam vječni život kroz vjeru. Isus iz Nazareta je Spasitelj koji je umro da nas oslobodi. Sada, vjerom u njega, možemo biti spašeni od kazne i moći grijeha i primiti vječni život - možemo se pridružiti Priči koju Bog govori!

Dodatci

Dodatci koje biste trebali proučiti i razmisliti o, koji su relevantni za ovu lekciju su sljedeći:

Apostles' Creed (App. 26)
Jednom davno (Dod. 1)
Priča koju Bog priča (Dod. 2)
Od prije do izvan vremena (Dod. 6)
Sjena i supstanca (Prim. 7)
Isus Krist, predmet i tema Biblije (Prim. 22)
Nicejsko vjerovanje (Dod. 24 i 25)
Apostolsko vjerovanje (Dod. 26)

....

*otpali od njegove milosti - Kada su se Adam i Eva pridružili Sotoni u pobuni, njihov ih je grijeh odvojio od savršenog odnosa sa Bogom; njihova djela su ih otuđila od Boga i donijela smrt svijetu.

> Rečeno je da je cijeli svijet pozornica. Ni u kojem smislu to nije istinitije nego u velikoj drami koja se može nazvati 'Sukob vjekova'. Radnja u Svetom pismu i povijesti otkriva kozmički rat između dvaju kraljevstava u kojima svi mi igramo ulogu prema Božjem planu. Biblijski pisci pišu i tumače Pismo u skladu s Božjom svrhom u povijesti.
>
> ~ James DeYoung i Sarah Hurty. Iza očiglednog. Gresham, OR: Izdavačka kuća Vision, 1995, str. 83-84.

Ključni princip

Svemogući Bog došao je na zemlju u Isusu iz Nazareta i pomirio svijet sa sobom kroz njegovu smrt na križu (2. Korinćanima 5:19).

Proučavanje primjera

Pročitajte i razmislite o sljedećim slučajevima i konceptima, te dajte odgovore i uvide u njihovo rješavanje, na temelju tekstova koje ste prethodno proučavali.

1. **"Ne mislim da postoji Bog."** Na poslu, za vrijeme ručka, Janice je raspravljala sa svojim suradnikom Leah-om o tome kako je nastao svijet. Leah čvrsto vjeruje da uopće nema dokaza da Bog ili bilo koje božanstvo postoji. Sve religije imaju različite ideje o tome tko je Bog, koliko ima bogova i što se smatra svetim spisima. Janice je vjernik u Krista i vjeruje da je Svemogući Otac stvorio svijet, te da je stvorenje toliko prelijepo i veličanstveno da to ne može biti samo zato „što se dogodilo", bez ikakve svrhe ili značenja. Ako bi ste bili na mjestu Janice, kako biste podijelili s Leah-om o Svetom pismu koje ste upravo proučavali, o tome što Biblija govori o Bogu i njegovom stvaranju svijeta.

2. **"Zašto Bog sada ne mijenja stvari?"** U proučavanju Biblije s nekim novim kršćanima, pojavilo se pitanje: "Ako je Bog Stvoritelj i on čini da sve funkcionira, zašto se strašne stvari događaju u svijetu? Neki su vjerovali da Bog nije znao za sve stvari koje se događaju u svijetu, dok su drugi govorili da Bog zna, ali je odlučio da se ne miješa u stvari koje se događaju. Na temelju onoga što sada znate, kako biste odgovorili na pitanje zašto se sada stvari događaju u svijetu onakve kakve jesu? Kako nam ono što smo naučili u ovoj lekciji pomaže razumjeti zašto Bog može dopustiti da prolazimo kroz teške stvari, barem na neko vrijeme?

3. **Zar nema mnogo putova prema Bogu?** Mnogi ljudi danas vjeruju da su sve religije jednako važne i da postoji mnogo različitih putova koji vode do Boga. Kao da na dnu planine, mnoge različite grupe počinju pješačiti do vrha planine, počevši od različitih točaka u podnožju. Svi oni namjeravaju doći do vrha planine (gdje živi "božansko"), ali će ići

različitim putovima, dolazeći iz različitih kutova i gledišta. Prije ili kasnije (tako će argumentirati) svi planinari (religije svijeta) naći će svoj put do vrha (duhovnost i božanstvo). U takvom pogledu, sve su religije jednake, sve istinski govore o božanskom, i bilo koja od njih može se slijediti kako bi pronašli Boga. Što naše proučavanje govori o takvom razmišljanju o mnogim putevima ka božanskom?

Povezanost

Sada kada ste se pokajali (okrenuli se od grijeha) i povjerovali u Isusa iz Nazareta kao Gospodina, rođeni ste odozgo, postali ste Božje dijete po vjeri u Evanđelje. To znači da ste izabrani od Boga i da ste dio njegovog velikog plana da spasi čovječanstvo, narod za njegovu vlastitu slavu. Vi ne da samo jednostavno čitate o Božjem planu i priči, već ste joj se pridružili! Sada ste se s vjerom pridružili Isusu, a vaš je grijeh oprošten, usvojeni ste u njegovu obitelj i regrutirani u njegovu vojsku. Kada ste povjerovali u Isusa, pridružili ste se Priči!

To znači da sada trebate naučiti sve o Priči, što Bog radi i kako želi da živite, kako vas on može koristiti da pomogne drugima da se i oni pridruže njegovoj Priči o ljubavi i spasenju. Nemojte se bojati; Bog vam je dao svog Duha Svetoga da vas nauči, dao vam je Božju riječ da vas pouči, kršćansku crkvu da se sprijateljite s njima i moć molitve koja će vam pomoći da dobijete sve što vam je potrebno da živite ovu veliku priču u svom novom životu.

Sada imate nove prijatelje, kao i nove neprijatelje! Spašeni ste od moći tame i sada morate naučiti oduprijeti se đavolskim lažima, napastima svijeta i vašim starim, grešnim navikama. Spasiti se znači zauzeti Božju stranu u borbi, srcima i umovima ljudi posvuda. No, ne brinite! Bog nam je dao sve što nam je potrebno da živimo kršćanski život, da molimo i slavimo Boga i da nadvladamo neprijatelja u ovoj velikoj priči u kojoj sada sudjelujemo.

Provedite neko vrijeme zahvaljujući Bogu što vas je privukao k sebi, što vas je učinio njegovim djetetom i omogućio vam vječni život. Zamolite ga za snagu i pomoć da nastavi učiti i rasti kao Isusov učenik (sljedbenik) i kao vojnik u njegovoj vojsci. Nikada vas neće napustiti niti zaboraviti.

Dobrodošli u obitelj i dobrodošli u bitku!

Afirmacija

Stvoren sam na sliku Božju, iako sam prije bio Božji neprijatelj, izabran sam da sudjelujem u Božjem kozmičkom planu da povrati sve što je izgubljeno i palo.

Molitva	*Crkva je stoljećima koristila Gospodnju molitvu, temeljenu na učenja Gospodina Isusa njegovim učenicima u Mateju 6:9-13 i Luki 11:2-4.* Nebeski Oče, tvoje je ime sveto, molimo da dođe Tvoje Kraljevstvo i da bude tvoja volja potpuno ispunjena na zemlji, kao što je ispunjena na nebu. Osiguraj nam naš svakodnevni hljeb za naše zdravlje i molimo te oprosti nam što smo učinili krivo, kao što mi opraštamo onima koji su nama krivo učinili.
Vapaj srca Gospodinu	Vječni Bože, Oče moj, hvala ti što si mi otkrio svoj veliki plan i Priču u Svetom pismu. Stvorio si svemir i svijet i moj si tvorac i moj Bog. Hvala ti što si otvorio moje srce da čuje Evanđelje o tvom spasenju, o ponudi vječnog života koju nudiš svim ljudima koji vjeruju u Isusa. Prihvaćam da me voliš i spašavaš. Učinio si me dijelom tvoje Priče. Pomozi mi, tvojim Duhom, da naučim živjeti kako bih te proslavio - stojeći na zemlji protiv onih stvari koje bi me odvukle od tebe, natrag u svijet. Daj mi milost da ti ugodim danas. U Isusovo ime, amen.
Za dodatno proučavanje	*Na **www.tumi.org/sacredroots** imamo odjeljak posvećen dodatnim pisanim i video resursima.* Norman Geisler. Da bi razumio Bibliju tražiti Isusa. Eugene, OR: Wipf i Stock Publishers, 2002.
Za slijedeću sesiju	U sljedećoj sesiji istražit ćete Upisivanje koje činimo koje uključuje ove teme: 1. Isus je pobijedio đavla i otvorio nam put da se pridružimo Božjem Kraljevstvu. 2. Kroz naše pokajanje i vjeru, po Božjoj milosti smo kršteni u Kristovo tijelo. 3. Mi smo dobili Duha Svetog kao garanciju naše baštine.
Pamćenje stiha	1. Ivanova 3:8
Zadatci	1. Na posebnom papiru sažmite priču o Bibliji. Podijelite sažetak sa zrelim vjernikom u svojoj crkvi. 2. Pročitajte dodatak "Kako početi čitati Bibliju". 3. Započnite dnevni plan čitanja Biblije.

UPISIVANJE KOJE ČINIMO
Prihvaćanje naše uloge u kosmičkom konfliktu doba

> U Isusu iz Nazareta, kad ste čuli riječ istine, Radosnu vijest Božje ponude spasenja, i vjerovali u njega, u tom ste trenutku bili zapečaćeni obećanim Duhom Svetim, samim koji je on sam plaćanje buduće nasljeđe dok ga ne steknemo, na slavu njegove slave.
>
> Pavao Efežanima (Ef. 1: 13-14)

Ciljevi

Do kraja ove sesije, trebate prihvatiti *Upisivanje koje činimo* tako da vjerujemo:

- Svojim bezgrešnim životom i umirući umjesto nas Isus je pobijedio đavla i napravio put onima koji vjeruju da će ući u Božje Kraljevstvo.
- Kajanje (okretanje od naših grijeha Bogu) i vjera (vjerujući u istinu o Isusovom djelu) i po Božjoj milosti kršteni smo u Tijelo Kristovo.
- Dobili smo Duha Svetog kao garanciju naše baštine.

Uvodna molitva za mudrost

Vječni Bože, Oče moj, u svojoj Riječi govoriš da si ti izvor sveg znanja i mudrosti. To priznajem kao istinu, dragi Oče, i molim da mi daš tvoju mudrost, da bih mogao ispravno podijeliti Riječ istine (2 Timoteju 2:15). Molim te da me poučavaš i upučuješ na način na koji bih trebao ići (Ps 32:8) i usmjeri moje korake. Prikloni moje uho da čujem tvoj glas, a sada me ispravi u načinu na koji mislim i govorim, i vodi me ako sam zalutao.

Oče, podari mi dar razlučivanja i osposobi me dok učim znati razliku između pobožnih i bezbožnih učenja, duhova i darova. Pokaži mi po Duhu Svetom što je tvoja volja i daj mi uvid u to kako mogu izvršiti tvoje nakane cijelim svojim srcem.

Dragi Bože, molim te pomozi mi da budem brz da čujem i slušam, spor da govorim i spor da se ljutim (Jakov 1:19). Riječi mojih usta i misli moga srca neka ti budu ugodne. Dopustite mi da govorim tvoju istinu s mudrošću da bi svi s kojima govorim mogli razumjeti i imati koristi od tvoje istine.

Uči me sada u ovoj studiji dok primam tvoju riječ i pouku. Te stvari tražim u snažnom imenu Isusa, mog Gospodina i Spasitelja, Amen.

1. **"Zašto nas đavao mrzi - nismo mu ništa učinili, zar ne?"** U maloj grupi za proučavanje Biblije za nove vjernike, skupini novih, kršćanskih „beba" proučavalii su Priču o Bibliji sa svojim voditeljem. Tijekom studije otkrili su da je đavao s izvrtanjem i lažima prevario prvi ljudski par, Adama i Evau, uzrokujući da griješe. Jedan od učenika pitao je voditelja: "Ne shvaćam. Zašto je đavo tako zloban da laže Adamu i Evi, dovodi ih u nevolju i sve zabrlja. Što su mu učinili - zašto toliko mrzi ljude? "Na temelju onoga što sada znate o Bibliji i Priči, zašto mislite da Biblija izjavljuje da đavao toliko optužuje, obmanjuje i progoni ljude? ? Zašto je to činio od samog početka?

2. **"Naravno, vjerujem, ali ne mislim da sam spreman posve ući u vjeru - barem ne još."** Kad je Marsha dijelila Dobru vijest Božje ponude vječnog života s rođakom Ralphom, naišla je na nešto s čim nije znala šta da radi. Rekao je Marshi da se Božja ponuda činila cool, čak privlačnom, osim dijela o okretanju Bogu od svovjih grijeha. (Ralph je bio duboko umiješan u online igranje, od kojih su neke igre u crnoj umjetnosti i sadrže neku vrstu demonske borbe u Priči.) Kad je čuo Marshino svjedočanstvo o toj Priči, Ralph je rekao: "Stvarno vidim koliko nas je Bog volio da je poslao Isusa - to je nevjerojatna stvar. Ali, iskreno, upravo sada, mislim da mu se ne mogu posvetiti, pogotovo ako to znači da moram sve promijeniti i odreći se nekih stvari koje sada radim. To je teško. Ne mogu li jednostavno povjerovati u Isusa i to je dovoljno? Zašto moram, kao što ste rekli, "pokajati se od mojih grijeha?" Mislim da još uvijek nisam spreman za takvu ekstremnu predanost. Postoji li drugi način, način da se izbjegnu sve te stvari pokajanja? "Kako bi Marsha trebala odgovoriti Ralphu vezano za njegovu poentu - trebate li se pokajati od grijeha da biste se spasili? Objasnite.

3. **"Sada kada ste Isusov učenik, postali ste meta."** Dok mnogi ljudi govore o kršćanskoj vjeri samo kao Božjoj ljubavi i milosti, čini se da malo tko shvaća vjeru kao predanje Božjoj strani u borbi. Istina je, u trenutku kada se osoba pokaje i povjeruje u Isusa, ona je uključena u rat, što je jedan kršćanski autor nazvao "majkom svih bitaka". Reći "Da!" Kristu i njegovom Kraljevstvu jest istodobno reći "Ne!" Napastima svijeta, unutarnjim strastima naše stare grešne prirode i lažima neprijatelja. Mnoge od tih laži oblikovale su tko smo mi - vjerovali smo u njih cijeli naš život. Postati kršćanin znači postati vojnik i postati metom Božjih neprijatelja. Na koji način ste to smatrali istinitim od vremena kada ste najprije prihvatili Krista Isusa kao svog Spasitelja i Gospodina?

U posljednjoj sesiji (Ep u kojem se pronalazimo), saznali smo da Priča o Božjem spasenju kroz Kristu, artikulirana u Bibliji, odgovara na velika pitanja o životu. Ali koliko god je ova epska priča nevjerojatna, ne smije se slušati samo za zabavu, kao kad idete na film, gledate ga, i onda zaboravite na njega. Kada čujemo Božju priču o spasenju i obnovi u Kristu, moramo donijeti odluku da surađujemo s Bogom. Moramo primiti njegovo svjedočanstvo o njegovoj Priči, prihvatiti je kao istinu, dopustiti da ona postane naša vlastita priča, a zatim početi sudjelovati u ovoj dobroj bitci vjere. Moramo promijeniti strane, dobrovoljno se prijaviti u Gospodinovu vojsku.

Kroz nikakvu vlastitu zaslugu i potpunu Božju milost po Kristovoj zamjenskoj smrti ("umjesto nas"), on širi poziv da se upišu na sve ljude. Poziv na spasenje je poziv na rat - izaći iz kraljevstva tame u kraljevstvo svjetla, premjestiti se iz života koji smo živjeli sami za sebe kako bi postali ambasadori Isusa Krista kao Gospodina, slijedeći ga usred pokvarenog i zbrkanog svijeta.

Ako ispovjedite svoju pobunu i grijeh, okrenete se od njega u pokajanju* i zamolite za Božje oproštenje kroz Isusovu smrt na križu, Bog vas čisti i stavlja u pravi odnos s njim. Smješteni ste u Tijelo Kristovo, Božju obitelj, Crkvu. Nakon spasenja, Bog Sveti Duh stvara svoj dom u nama, on nas osnažuje iz dana u dan da slavimo Boga, služimo Kristu i vršimo njegovo djelo. Duh Sveti je nadoknada punog Božjeg dara koji će nam doći kad se Isus vrati; Duh služi kao jamstvo naše buduće baštine u Kristu.

Pokajat se od grijeha i držati Krista po vjeri mijenja vašu vjernost sotonskom kraljevstvu u vjernost Kraljevstvu Božjem. Kada to učinite, doslovno ste povezani sa svima koji su vjerovali Bogu po vjeri i spašeni su od gnjeva koji će doći. Krštenje vodom*, koje je Isus zapovjedio svim vjernicima, vanjski je znak unutrašnje milosti koju Duh Sveti čini u nama, te nas povezuje s Kristom kao našim Gospodinom i Vođom, time javno svjedočite svoju odanost i predanost uskrslom Gospodinu kao njegovi sljedbenici.

*pokajanje - Pokajati se znači promijeniti svoj um, okrenuti se i krenuti drugim putem, vratiti se onako kako Bog želi. Kad se pokajete, slažete se s Bogom da ste bili na pogrešnom putu i mijenjate svoje ponašanje kako bi bili u skladu s Božjom voljom.

> Prihvatiti Isusa kao Spasitelja i Gospodina znači pridružiti se vojsci. Bez obzira jeste li toga svjesni ili ne, prijavili ste se.
>
> ~ John White. Borba.
> Downers Grove, IL: InterVarsity Press, 1976, str. 217.

*Krštenje - krštenje je ritual za vjernike koji uključuje primjenu vode na tijelo kako bi predstavilo da ste dovedeni u Tijelo Kristovo. To može uključivati uranjanje (potapanje) u vodu, izlijevanje na glavu ili druge načine. Krštenje dolazi od riječi "baptidzo" što znači "stavljen u". Stoga je krštenje važno jer je to javna demonstracija duhovne stvarnosti; to pokazuje da ste sada stavljeni u Krista. Svaki bi vjernik trebao biti kršten, jer je Isus od nas tražio da to učinimo javnom demonstracijom naše odanosti njemu.

Upisivanje koje činimo
Lekcija 2 Proučavanje Biblije
Pročitajte sljedeće odlomke Svetog Pisma i ukratko odgovorite na pitanja povezana s svakim biblijskim učenjem.

1. Riječ je postala tijelo i vjernicima nudi vječno spasenje. Pročitajte Ivan 1:10-14.

    a. Prema Ivanu tko je bio ta Riječ i kakav je njegov odnos s Bogom?

    b. Kakav je bio odnos Riječi prema Ivanu Krstitelju? Kakav je njegov odnos prema svijetu?

    c. Kako Bog daje ljudima pravo da budu djeca Božja?

    d. Kako postajemo djeca Božja? (Odaberi najbolji odgovor):
        i.   Rođenjem od krvi ili prirodnog podrijetla
        ii. Rođenjem ljudskom voljom ili odlukom muža
        iii. Rođenjem od Boga

2. Spasenje od grijeha i smrti nam je dano milošću Božjom, po vjeri. Pročitajte Efežanima 2:1-10.

    a. Kako apostol* opisuje ljudska bića i njihov odnos prema đavlu ("knezu zračnog prostora"), prije nego se pokaju i povjeruju u Krista?

    b. Navedite tri stvari koje su bile istinite za vas prije nego što vas je Bog spasio svojom milošću.

        i.

....

*apostol - Apostol znači "onaj koji je poslan". Ovaj izraz se u Bibliji koristi na dva načina. Najčešće, kao u ovom slučaju, to se odnosi na ljude koje je Isus osobno poslao da obavi njegovo djelo, uključujući i 12 koji su ga pratili u njegovoj zemaljskoj službi, i osobu poput Pavla koji je primio lični poziv od Isusa u Djelima 9. Izvještaj očevidaca, apostola za nas je od vitalne važnosti jer njihovo svjedočanstvo oblikuje sve što znamo o Kristu (vidi 1. Ivanova 1:1-4 i 2. Petrova 1:16-18). Zato Nicejsko vjerovanje govori o našoj vjeri kao "apostolskom", baziramo naše tumačenje Biblije i ljudske povijesti na onome što apostoli kažu. Drugi način na koji se koristi riječ "apostol" (npr. Ef. 4:11) odnosi se na one koje je Duh poslao s određenim zadatkom ili misijom. Danas ih zovemo "misionari", tj. Ljudi koji se šalju u određenu svrhu, kao što je osnivanje novih crkava.

       ii.

       iii.

  c. Kako smo spašeni? (Odaberi najbolji odgovor):
     i.   Milošću po vjeri (kao Božji dar)
     ii. Vašim dobrim djelima (tako da se možete pohvaliti)

  d. U koju svrhu smo spašeni - što Bog želi da budemo i činimo, sada kada smo spašeni?

3. Isus je taj koji je pobijedio đavla kako bi oslobodio i obnovio stvorenje i čovječanstvo. Pročitajte Luku 11:14-23

  a. Za što su ga njegovi neprijatelji optužili, nakon što je istjerao demona iz nijemog čovjeka?

  b. U odgovoru, što je Isus rekao o prirodi kraljevstva koje je podijeljeno unutar sebe?

  c. Što je Isus rekao da se dogodilo ako je istjerao demone "prstom Božjim" (tj. Svetim Duhom Božjim)?

  d. Kako je Isus opisao svoju moć da nadvlada "snažnog čovjeka" (đavola) u ovoj usporedbi?

  e. Isusova usporedba u Luki 11 može se jasno objasniti u 1. Ivanovoj poslanici 3:8. Zbog čega se Isus pojavio na zemlji?

4. Isus iz Nazareta dobio je apsolutnu vlast od Oca da sudi i spašava. Pročitajte Ivan 5:19-27.

  a. Kako Isus objašnjava djela koja čini u odnosu na ono što radi Otac?

  b. Ako ljudi ne poštuju Krista, što to znači vezano za njihov odnos s Ocem?

    c. Što je Isus rekao o onima koji slušaju njegovu Riječ i vjeruju u Onoga koji ga je poslao?

        i. Imaju _____ život

        ii. Neće _____

        iii. Prešli su iz _____ u život

5. Niti jedno ljudsko biće ne može biti proglašeno pravednim na temelju svojih dobrih djela; svi smo opravdani pred Bogom samo po vjeri u Isusa Krista. Pročitajte Rimljanima 3:9-28.

    a. Navedite tri načina na koji su ljudska bića opisana u pogledu njihove moralne situacije pred Bogom:

        i.

        ii.

        iii.

    b. Navedite tri stvari koje Pavao kaže o tome kako smo opravdani pred Bogom.

        i.

        ii.

        iii.

    c. Kako se onda opravdavamo (proglašavamo pravednima) pred Bogom bez poslušnosti Zakonu?

6. Nanovo smo rođeni za novi život vjerom u Isusa Krista. Pročitajte Ivan 3:1-21.

    a. Zašto je potrebno da se netko nanovo rodi kako bi ušao u Kraljevstvo Božje?

b. Isus je spomenuo priču iz Starog zavjeta u Brojevima 21. poglavlju kako bi pomogao Nikodemu da shvati kako će Isus umrijeti zbog čovječanstva na križu. Koji je simbol spomenut u priči i što su ljudi trebali učiniti da bi bili ozdravljeni? Kako je Isus koristio priču u poučavanju Nikodema (usp. Stih 15)?

c. Popuni praznine. (stihovi 15-16)

   i. Sin Čovječji mora biti podignut tako _____ _____.

   ii. Bog je tako ljubio svijet da je dao svoga jedinog Sina, _____ _____.

   iii. Bog nije poslao svoga Sina na svijet _____ _____, nego da bi svijet mogao biti _____.

7. Iako smo nekad bili ludi i neposlušni, sada smo vjerom postali Božja vlastita djeca kroz Božju milost u Isusu. Pročitajte Titu 3:1-8.

   a. Kako se mi kao novi vjernici u Kristu trebamo odnositi prema

      i. Vladarima i vlastima

      ii. Svim ljudima

   b. Opišite kakvi smo bili prije nego što smo se pokajali i povjerovali u Krista.

   c. Što nam se događa kad nam se objavi "dobrota i milosrdna ljubav našega Boga"?

   d. Kako sada trebamo živjeti, kad smo spašeni Božjom milošću?

8. Nakon što povjerujemo, Sveti Duh dolazi i prebiva u nama i zapečati nas za Gospodinovo posjedovanje - i za borbu koju vodimo!

a. Pročitajte Efežanima 1,13-14. Popuni praznine:

    i. Kada ste mu povjerovali, vi ste zapečaćeni od strane

      _____.

    ii. Duh Sveti je jamstvo našeg _____ dok ga ne steknemo.

b. Pročitajte Rimljanima 8:12-17. Odgovorite na sljedeća pitanja, sa istina ili lažn.

    i. Sada kada smo u Duhu Svetom, ne moramo se prepustiti grijehu.

    ii. Djelom Duha smo usvojeni u Božju obitelj.

    iii. Mi smo baštinici Božji i sljedbenici Kristovi, ako s njime patimo.

9. Bog je pozvao glasnike da svijetu obznane Kristovu pobjedu nad đavlom i grijehom. Pročitajte Djela 26:12-18. Popuni praznine. Kad je Pavao dobio viziju od Isusa, za što ga je Isus postavio?

a. Budite sluga i _____ stvari koje ćeš vidjeti (r. 16).

b. Otvori oči ljudima kako bi se oni mogli okrenuti od _____ ka svjetlu, od moći _____ Bogu, da bi mogli primiti _____ grijeha, i biti među onima koji su posvećeni _____ (r. 18).

Sažetak

Svatko tko se okrene Bogu od svojih grijeha (pokajanje) i vjeruje u Isusa Krista kao uskrslog Gospodina (vjera), spašen je - oprošten, cjelovit i prihvaćen u Gospodinovu obitelji, njegovom milošću i dobrotom. Ovaj poziv da postanete Božje dijete uključuje promjenu vaše odanosti od ovoga svijeta i njegovog grijeha prema Kristu i njegovu Kraljevstvu. Vjerovati znači okrenuti se Bogu od ovoga svijeta, zakleti se na vjernost drugom Učitelju, novom Kraljevstvu i novom životu. Isus je došao uništiti đavolska djela, vratiti čovječanstvo u ispravan odnos s Bogom i uskoro će vratiti sve stvari u svemiru pod Božju vladavinu u njegovom Kraljevstvu.

Bog nas spašava svojom milošću, a ne zbog naše poslušnosti njegovu Zakonu, naših vlastitih zasluga ili dobrih djela. Vratili smo se u ispravan odnos s Bogom samo njegovom milošću, zbog Kristove zamjenske ("umjesto nas") smrti. Sada kada smo spašeni, ušli smo u borbu protiv grijeha, zla i kraljevstva tame. Zaista, poziv na spasenje je poziv da se pridružite ljubljenoj vojsci Gospodinovoj i da se borite protiv svijeta, naše stare grešne prirode i đavla.

Nakon što povjerujemo, Bog nas zapečati svojim Svetim Duhom koji stanuje u nama i daje nam snagu, smjer i sposobnost da slavimo Boga, služimo Kristu i vršimo njegovo djelo. Duh Sveti je nadoknada punog Božjeg dara koji će nam doći kad se Isus vrati; Duh služi kao jamstvo naše buduće baštine u Kristu. Božji milosni darovi postaju stvarni po Duhu Svetom: oproštenje grijeha, spasenje od đavla i kraljevstvo tame i moć da se pokoravamo Božjoj volji dok živimo kršćanski život.

Surađujemo sa Svetim Duhom potvrđujući istinu Božje riječi, mijenjajući samopouzdanje iz negativnih, destruktivnih i neistinitih izjava u točne izjave, u skladu s Pismom. Mi smo nova stvorenja u Kristu, i sada moramo prihvatiti ono što autori Biblije kažu u Svetom pismu kao istinu o nama samima, o našoj prošlosti, i što je najvažnije, o našem potencijalu i našoj budućnosti. Više nismo subjekti kraljevstva tame; dovedeni smo u Kraljevstvo Božjeg Sina, kraljevstvo svjetlosti. Neka Gospodinovi otkupljenici počnu tako govoriti (Ps 107:1-3)!

Dodatci

Dodatci koje biste trebali proučiti i razmisliti o, koji su relevantni za ovu lekciju su sljedeći:

Isus iz Nazareta: Prisutnost budućnosti (Dod. 4)
Priča o Bogu: Naši sveti korijeni (Dod. 5)
Od prije do izvan vremena (Dod. 6)
Sjena i supstanca (Dod. 7)

Ključni princip

Onima koji su ga primili, dao je pravo da budu djeca Božja (Ivan 1:12).

Proučavanje primjera

Pročitajte i razmislite o sljedećim slučajevima i konceptima, te dajte odgovore i uvide u njihovo rješavanje, na temelju tekstova koje ste prethodno proučavali.

1. **"Trenutno se ne osjećam pobjedonosno."** Mnogi (ako ne i većina) novih kršćana počinju s kršćanskim putovanjem s mnogo radosti i samopouzdanja, da bi se uskoro nakon toga upoznali s oporbom, našli se u borbi s grijehom i sramom. Nakon što su počeli snažni, šokirani su i obeshrabreni da kršćanski život nije "tako lak kao što je propovjednik obećao." Oni su i dalje u iskušenju, još uvijek se ljute, još uvijek se prepuštaju grijehu i još uvijek se moraju boriti s požudom. , pohlepom i ponosom. Oni se pitaju: "Gdje je pobjeda o kojoj se govori u Bibliji?

Zašto ne mogu samo pozvati Gospodina i stvari će biti ispravne upravo u tom trenutku? Ako je Bog na mojoj strani, zašto se onda ja još uvijek borim? "Što biste rekli nekome tko se osjećao razočarano glede Kristova puta - tko se nije osjećao posebno pobjedničkim usred borbe i stresa svakodnevnog života?

2. **"Kako mogu sa sigurnošću znati da mi je stvarno oprošteno?"** Svaki rastući ili ne još zreli kršćanin susrest će se s dvojbama o tome je li zapravo spašen. Premda su svoje živote predali Gospodinu, neizbježno će misliti, reći i činiti stvari koje nisu u skladu sa njihovim novim životom u Kristu. Ponekad ove vrste "brzinskih udaraca" na cesti izazivaju sumnju da su uopće spašeni. Ispunjeni sumnjom i strahom, lako ih se može uvjeriti ili iskušati da od Gospodina traže više puta da ih iznova i iznova spašava. Oni ne samo da nemaju svu sigurnost da je njihovo prvo ispovijedanje Kristu "uzeto", nego se također pitaju je li cijela stvar zapravo kreirana u njihovim mislima. Kako vam proučavanje biblijskih tekstova pomaže da riješite ovu vrstu glodanja, neprestane sumnje? Kako oni pomažu novom vjerniku da zna da je spašen, unatoč tome kako se osjeća u bilo kojeg danom danu (vidi 1. Ivanova 5:11-13)?

3. **"Nevjerojatno je. Sad kad sam spašen milošću, mogu činiti što god želim. Ja sam slobodan! "** Jednom prilikom novi je vjernik bio izložen onome što je Biblija rekla o milosti, Kristovoj pravednosti i vječnom životu. Umjesto da ga učini poniznim i zahvalnim, pogrešno je iskrivio svoje znanje u ponosnu aroganciju. Počeo je dijeliti sa svojim prijateljima: „Budući da nas Bog voli i spašava svojom milošću, ne moramo se brinuti o tome kako živimo. Što god radili, on će nam oprostiti i prihvatiti nas, ne na temelju onoga što radimo, već zbog onoga što je Isus učinio! "Kako je ovaj novi brat u Kristu krivo razumio kako bismo trebali živjeti, sada kada smo spašeni u Kristu? Koje je pravo razumijevanje kako bismo sada trebali živjeti?

Povezanost

Jedna od prvih i najznačajnijih stvari koje vjernik može i mora učiniti na početku svog putovanja u Božju priču jest shvatiti da je sada borac u najvećoj kozmičkoj bitci svih vremena. Iskreno, nema grmljavine kad smo prihvatili Krista (barem ne normalno!) Sve može izgledati kao što je bilo. Istina je, međutim, da se sve promijenilo. Spašeni smo iz kraljevstva tame, oprošteni su nam svi naših prijestupi, usvojeni smo u Božju obitelj i uvršteni u Božju borbenu snagu za njegovo Kraljevstvo! Mi smo potpuno nova stvorenja u Kristu; staro je umrlo i novo je došlo (2 Kor 5:17).

Odmah odlučite usvojiti borbeni duh, osloniti se na Duha Svetoga za snagu, molite se Gospodinu za pomoć svaki dan dok hodate s Kristom i stojite u bitkama za svoj um, svoje srce i vaše duša. Bog je obećao da će vam dati pobjedu (1 Kor. 15:57), jer je veći onaj koji je u vama nego onaj koji je u svijetu (1. Ivanova 4:4). Vi sada pripadate Gospodinu i ne morate se poistovjetiti sa svojim starim životom i s njegovom nesigurnošću, lažima i obmanama. Vi ste novo Božje dijete u Kristu i morate svjesno početi djelovati, govoriti i razmišljati kao ta nova osoba. Budite strpljivi sa sobom; biti će potrebno strpljenje i vrijeme da se nauče novi Božji putovi i postanete nova osoba koju želite da budete.

Zamolite Boga za pomoć kako bi živjeli u ovom novom identitetu, ovom novom biću koje je Bog stvorio, oslobođen lažnih požuda prošlosti, obnovljen u duhu vašeg uma, i sada oslobođen da živite kao nova osoba drugačije prirode, nova obitelj i novi Gospodin koji će vas voditi i upravljati (Ef 4:20-24). On vas je angažirao u svojoj vojsci i opremio vas za vaše putovanje naprijed. Dakle, dragi Isusov učeniče, dobrodošao u obitelj i dobrodošli u rat!

Ako niste bili kršteni, razgovarajte s voditeljem proučavanja Biblije, kršćanskim prijateljem ili pastorom o vašoj želji i potrebi da se krstite. Budite spremni slijediti proces vaše lokalne crkve kako biste bili spremni biti kršteni i slijedite ga što je prije moguće. Krist je zapovjedio svima koji povjeruju da budu kršteni, to je znak našeg jedinstva s njim i javna izjava o našoj odanosti Isusu i njegovom Kraljevstvu (Marko 16:14-16; Mt 28:18-20). Nemojte čekati; Krštenje je vanjski znak Božje unutarnje milosti koja vam je dana kroz Isusovo dovršeno djelo na križu. Poslušajte ga i uskoro se krstite!

Potvrda

Vjerom sam se odazvao Božjoj milost koja mi je oprostila, učinivši me besprijekornim Božjim djetetom, izbavila iz vlasti tame u kraljevstvo Sina.

Molitva

Te Deum Laudamus je molitva koju su kršćani recitirali od četvrtog stoljeća. On se pripisuje biskupu Niceje iz Dačije, c. 335-414, ali legenda ga pripisuje spontanom navještaju Ambrozija kad je krstio Augustina.

Ti si Bog (Te Deum Laudamus)

Ti si Bog: slavimo te;
Ti si Gospodin; mi te pozdravljamo;
Ti si vječni Otac: cijelo stvorenje te obožava.
Za tebe svi anđeli, sve sile neba,
    kerubini i serafini, pjevaju u beskrajnoj slavi:
Sveti, sveti, Gospodine, Bože moći i sile,
    Nebo i zemlja puni su tvoje slave.

Slavno društvo apostola te slavi.
Plemenita zajednica proroka te slavi.

Vojska mučenika u bijelim haljinama te slavi.
Širom svijeta te slavi sveta crkva;
  Oče, bezgraničnog veličanstva, tvoj istinitog i jedinog Sina,
  dostojna svakog obožavanja, i Duha Svetog, zagovornika i vodiča.

Ti, Krist, si kralj slave, vječni Sin Oca.
Kada si postao čovjek da nas oslobodiš, nisi izbjegavao djevičansku utrobu.
Prevladao si ubod smrti i otvorio nebesko kraljevstvo svim vjernicima.
Sjediš u s Božje desne u slavi.
Vjerujemo da ćeš doći i biti naš sudac.
Dođi, Gospodine i pomozi svom narodu,
  Kupljenom cijenom vlastite krvi,
  i dovedi nas svete u svoju vječnu slavu.

Vapaj srca Bogu

Molitva Vječni Oče, stvoritelju moj i Oče mog Gospodina Isusa Krista, hvala ti što si tako milostiv prema nama i što si poslao Isusa da nas spasi. Nismo zaslužili tvoju ljubav ili tvoje opraštanje, ali ipak si se brinuo za nas, poslao ga da nam pokaže put i ponudio ga na umjesto nas kao žrtvu za grijeh. Ti si nas zapečatio Duhom Svetim, usvojili nas u svoju obitelj i oslobodili nas straha od smrti i vječne kazne. Sada, što da ti ponudim u svjetlu takve ljubavi i milosrđa? Dajem ti svoje srce, svoj život, moj novac i vrijeme, i sve moje odnose. Dok znam da će mi nedvojbeno trebati vremena da te upoznam, želim da znaš da sam spreman za novi život, novi smjer i novo putovanje. Učini me dijelom svoje velike Priče, Bože, i vodi me Duhom kojeg si mi dao. Častit ću te u onome što radim, dok mi ti pomažeš. U Isusovo ime molim, amen.

Za dodatno proučavanje

*Na **www.tumi.org/sacredroots** imamo odjeljak posvećen dodatnim pisanim i video resursima.*

Robert Webber. Tko dobiva pripovijedati svijetu. Downers Grove, IL: InterVarsity Press, 2008.

Za slijedeću sesiju

U sljedećoj sesiji istražit ćete Ulaz koji smo dobili, uključujući sljedeće teme:
1. Postajući "u Kristu" primamo i doživljavamo sve što jest i što činimo.
2. Kroz naše članstvo sudjelujemo u Božjem kućanstvu, izgrađenom na apostolima i prorocima.
3. Svaka lokalna crkva služi kao agent Kraljevstva.

Stih za pamčenje

Rimljanima 10:9-10

Zadatci

1. Ako niste kršteni, sastanite se sa svojim pastorom i zamolite ga da vas krsti.

2. Molite se svakodnevno za tri prijatelja koji se moraju upisati u Gospodinovu vojsku i biti spašeni. Tražite Boga da vam pruži priliku da s njima podijelite svoju vjeru.

3. Počnite pisati u bilježnici ili dnevniku, navodeći uvide koje primate i pitanja koja želite postaviti zrelom vjerniku u vašoj crkvi.

ULAZ KOJI SMO DOBILI
Povezivanje našeg života sa životom u Bogu u Kristu

> U svjetlu ovih velikih istina, trebate znati da se više ne trebate smatrati strancima i došljacima u odnosu na Božje kraljevstvo. Umjesto toga, trebali biste se smatrati sugrađanima sa svim vjernicima koji se smatraju svetima - vi ste stvarni članovi Božjeg domaćinstva! Vi ste izgrađeni na samom temelju poruke apostola i proroka, pri čemu je naš Gospodin Isus pravi kamen temeljac. U njemu cijela struktura Crkve, svaki član koji se udružuje, raste kroz Božje djelovanje u sveti hram u Gospodinu. U Isusu se svi zajedno izgrađujete za mjesto gdje prebiva Božja prisutnost i sve to djelovanjem Duha Svetoga.
>
> Pavao Efežanima (Ef. 2:19-22)

Ciljevi

Do kraja ove sesije, trebate prihvatiti Ulaz koji smo dobili:

- Vjerujući da smo spojeni s Isusom po vjeri (tj. Sada smo "u Kristu"), primamo i doživljavamo sve što on jest, pruža i čini.
- Vjerujući da kroz djelovanje Duha sada posjedujemo članstvo u Božjem domaćinstvu, čiji je kamen temeljac Isus Krist, i čiji su temelj apostoli i proroci.
- Vjerujući da je svaka lokalna crkva ambasada Kraljevstva Božjeg, koja zastupa interese i namjere samog neba, s vjernicima koji služe kao ambasadori i zastupnici tog Kraljevstva.

Uvodna molitva za mudrost

Vječni Bože, Oče moj, u svojoj Riječi govoriš da si ti izvor sveg znanja i mudrosti. To priznajem kao istinu, dragi Oče, i molim da mi podariš božansku mudrost, da bih mogao ispravno podijeliti Riječ istine (2 Timoteju 2:15). Molim te da me poučiš i podučavaš na način na koji bih trebao ići (Ps 32:8) i usmjeriti moje korake. Prikloni moje uho da čujete tvoj glas, a sada me ispravi na način na koji mislim i govorim, i vodite me ako sam zalutao.

Oče, podari mi dar razlučivanja i osposobi me dok učim znati razliku između pobožnih i bezbožnih učenja, duhova i darova. Pokaži mi po Duhu Svetom što je tvoja volja i daj mi uvid u to tako da mogu izvršiti tvoje nakane cijelim svojim srcem.

Dragi Bože, molim te pomozi mi da budem brz da čujem i slušam, spor da govorim i spor da se ljutim (Jakov 1:19). Riječi mojih usta i misli moga srca neka ti budu ugodne. Dopustite mi da govorim tvoju istinu s mudrošću da bi svi s kojima govorim mogli razumjeti i imati koristi od tvoje istine.

Pouči me sada u ovoj studiji dok primam tvoju riječ i pouku. Te stvari tražim u snažnom imenu Isusa, mog Gospodina i Spasitelja, Amen.

Kontakt

1. **"Zašto postoji takva razlika između onoga što je moje stanje i onoga što Biblija kaže da je moj položaj pred Bogom?"** Mnogi novi kršćani doživljavaju veliki jaz između onoga što Pismo objavljuje u vezi s njihovim statusom pred Bogom (npr. Kao što je oprošteno, pomiriti se, kao posvojena djeca, kako je Bog izabrao), i način na koji stvari idu u njihovim životima iz dana u dan (djeluje sumnja, zabrinutost, frustracija, samo-osuda i strah). Čini se kao da su dvije vizije kršćanskog života (ono što Biblija kaže nasuprot tome kako se osjećam iz dana u dan) nespojive i proturječne jedna drugoj. Kako iz dana u dan živimo svoj kršćanski život, kako bismo trebali razumjeti tu napetost između onoga što Pismo govori o tome tko smo mi u Kristu nasuprot tome što osjećamo o sebi?

2. **"Kada ću se početi ponašati kao osoba za koju Biblija kaže da jesam?"** Veliki dio Kristova učinkovitog učenika rješava sukob između onoga što smo nekad bili prije nego što smo se susreli s Kristom i tko smo sada kada smo su povjerovali. Često se činilo da smo imali jači, realniji i autentičniji pogled na sebe nego što Biblija ili naši učitelji i pastori govore o nama. Kako se novi kršćanin može poistovjetiti s tekstovima i izjavama Biblije, čak i kada se čini da je ono što smo nekada bili naš "prirodniji" ja, "ja" s kojim se najbolje osjećamo, a čini se da je najviše istinito o nama ?

3. **"Samo ću ostati kod kuće i sam hodati s Gospodinom."** Jednom prilikom novi odrasli vjernik koji je nedavno izašao iz kulture droge prihvatio je Krista i započeo svoj put življenja novog života u Kristu. Problem je, međutim, u tome što se osjećao dramatično neugodno u prisutnosti drugih kršćana, uglavnom zbog načina života koji je toliko dugo živio na ulicama - nanosio štete svom tijelu, obitelji i odnosima s drugima. Frustriran i iscrpljen, jednog je dana uzviknuo: »To je to! Samo mislim da ne mogu živjeti svoj kršćanski život s ljudima u crkvi. Oni su dobri ljudi i sve to, ali jednostavno ne mogu stići tamo odakle dolazim. Mislim da želim nastaviti hodati s Kristom, ali ću ostati kod kuće, i hodat ću sam s Gospodinom. "Što biste mu rekli o njegovoj odluci - je li dobra, a ako ne , zašto ne?

Sadržaj

U posljednjoj sesiji (**Upisivanje koje činimo**) saznali smo da kad smo se okrenuli Bogu od idola i grijeha (pokajanje) i povjerovali u Isusa iz Nazareta kao uskrslog Gospodina (vjera), istovremeno smo donijeli odluku da se upišemo u Gospodinovu vojsku okrećući se od sotonskog kraljevstva Kraljevstvu Božjeg Sina.

Sada ćemo istražiti bogatstvo koje imamo jer smo po vjeri spojeni s Kristom i kažemo da smo "u Kristu". Naše zajedništvo s Isusom po vjeri daje nam novi status i odnos prema Bogu (naš položaj) poziciju naklonosti, usvajanja i blagoslova kao njegovog djeteta i građanina njegovog Kraljevstva. Osim toga, biti u Kristu također nam omogućuje da hodamo u njegovoj pobjedi iz dana u dan dok se borimo u dobroj borbi vjere - i primamo moć hodanja u Duhu Svetom (našem stanju)!

Prema Novom zavjetu, svatko tko vjeruje u Isusa kršten je (pridružen) Kristom djelovanjem Duha Svetoga (usp. 1. Korinćanima 12,13 - Pavao je rekao Korinćanima da kroz djelovanje jednog Božjeg Duha svi koji vjeruju). bili su kršteni u jedno tijelo - bilo da su Židovi ili pogani, bili oni robovi ili slobodni, muškarci ili žene. Svi koji pripadaju Kristu bili su pijani od Božjeg Duha Svetoga.) Kada je Duh krstio (postavio nas) u Krista, ne samo da smo spašeni od Božje srdžbe i da smo dobili vječnost punu radosti u njegovoj prisutnosti, nego smo također dobili novi status i odnos s Bogom, dan posebno za nas, jer smo sada postali jedno s Kristom (vidi "33. Blagoslovi u Kristu "u dodatku).

Doista, blagoslovljeni smo mnogim blagoslovima jer smo se pouzdali u Krista za naše spasenje. Naši su grijesi oprošteni (Ef. 1:7; Kol 1:13), pomireni smo s Bogom, obnovljeni smo u zajedništvu s njim (2 Kor. 6:18-19), usvojeni smo kao nova djeca u njegovo domaćinstvo. (Rim. 8:14-15,23). Jedna od mnogih divnih prednosti koje imamo u Kristu je naše novo članstvo i mjesto u Crkvi, Tijelu Kristovu. Vjerom smo se svugdje pridružili svim vjernicima, povezani s Bogom i jedni s drugima i dobili smo privilegiju povjerenja, rasta i služenja Kraljevstvu zajedno kao jedan narod.

Hvala Bogu, nikada se ne trebamo boriti za dobru borbu kao izolirani ljudi, u vlastitoj snazi, sami za sebe. Svi vjernici, oni koji su do sada povjerovali, čine jedno, nevjerojatno, Tijelo Kristovo. Iako postoji mnogo okupljanja i lokalnih crkava (crkva s malim "c"), zapravo postoji samo jedna crkva koja je započela s Isusom i apostolima, a odvojena je za Božje namjere (crkva s velikim "C") , Nicejsko vjerovanje izjavljuje da je ta crkva jedna, sveta, apostolska i katolička* (univerzalna), i sačinjena je od mnogih lokalnih crkava diljem svijeta, kroz povijest.

Uistinu, poslušajmo tada dobru riječ apostola Pavla Filipljanima i primijenimo je na naš hod u Kristu:

> Građani smo Božjeg nebeskog kraljevstva, i sa samoga neba čekamo dolazak našeg Spasitelja, Gospodina Isusa Krista. On će biti onaj koji će preobraziti ova ponizna, nemoćna tijela naša u na svoju vlastitu sliku sada proslavljenog tijela, ostvarujućito upravo onom silom koja mu sada omogućuje da kao Gospodin sve podredi sebi.
>
> Pavao Filipljanima (Fil. 3:20-21)

Doista, svaki vjernik je nebeski građanin, a svaka lokalna crkva je ambasada Kraljevstva Božjeg gdje se okupljamo za podučavanje, za bogoslužje, za duhovnu formaciju i za služenje Kristu s drugim vjernicima. U prvim godinama Crkve, Duh Sveti je vodio Kristove pripadnike da precizno iznesu ono što vjerujemo, kako da obožavamo i što bi Sveto pismo bilo. Ta temeljna vjerovanja podupiru vjeru svih vjernika, svugdje i nazivaju se Velika tradicija. To predstavlja ono učenje i praksu koje su apostoli podučavali, zapisano u Bibliji, sažeto u velikim vjerovanjima i koncilima Crkve, a branili su ih vjernici kroz povijest (vidi naprijed gledajući unatrag i Nicejsko vjerovanje u dodatku).

> Svaki put kada se Crkva okupi... ona objavljuje i kraj svijeta i neuspjeh svijeta. To je u suprotnosti sa tvrdnjama svijeta da ljudima pruža valjano opravdanje za njihovo postojanje, odriče se svijeta; ona potvrđuje, budući da je sastavljena od krštenika, da samo na drugoj strani smrti ovaj svijet može preuzeti svoj smisao... Kršćansko obožavanje je najsnažnije poricanje koje se može baciti pred svjetsku tvrdnju da ljudima pruža djelotvorno i dostatno opravdanje za svoj život. Nema više naglašenog protesta protiv ponosa i očaja svijeta od onog što se podrazumijeva u crkvenom štovanju. "
>
> ~ Jean-Jacques von Allmen. Obožavanje: njegova teologija i praksa. London: Lutterworth, 1966, str. 63.

* **katolička** - katolička ne znači Rimokatolička crkva, već znači "univerzalna", koji se odnosi na sve kršćane tijekom vremena, iz svakog plemena, jezika, naroda i nacija. U Apostolskom i Nicejskom vjerovanju, izraz katolička odnosi se na univerzalnost Crkve, kroz sva razdoblja i vremena, svih jezika i naroda, a ne odnosi se na neku posebnu tradiciju ili denominacijski izraz (npr. Kao Rimokatolici).

Ulaz koji smo dobili
Lekcija 3 Proučavanje Biblije
Pročitajte sljedeće odlomke Svetog Pisma i ukratko odgovorite na pitanja povezana s svakim biblijskim učenjem.

1. Isusovim uskrsnućem Bog nam je dao živu nadu i obećanje vječnog života. Pročitajte 1. Petrova 1:3-12.

    a. Navedite najmanje tri blagoslova koje imate u Kristu.

        i.

        ii.

        iii.

    b. Koji su rezultati kada trpimo bol u kušnjama? (stih 6-7)

    c. Iako ne vidimo da je Gospodin sada fizički prisutan među nama, kako još uvijek razumijemo naše spasenje u njemu? (stihovi 8-12)

2. Isus je Ugaoni Kamen, a mi koji vjerujemo izabrani Božji narod. Pročitajte 1. Petra 2:4-10.

    a. Budući da smo sveto svećeništvo u Kristu, što nam je Bog dao da činimo? (r. 4-5)

    b. Navedite četiri stvari koje su istinite za nas, narod Božji.

        i.

        ii.

        iii.

        iv.

3. Kroz naše povjerenje u Krista i naše krštenje u njegovo ime, pridružili smo se Isusu - u njegovoj smrti, ukopu i uskrsnuću - i sada, u njegovu novom životu.

a. Pročitajte Rimljanima 6:3-10. Navedite tri stvari koje su nam se dogodile kada smo se krstili u Kristu.

    i.

    ii.

    iii.

b. Budući da smo umrli s Kristom i tako s njim uskrsnuli od mrtvih (po vjeri), koju snagu sada grijeh ima nad nama? (stihovi 9-10)

c. Kako da danas smatramo sebe u svezi s grijehom i njegovom moći nad nama? (stihovi 11-13)

4. Isus je središte kršćanskog života, onaj kojega moramo nastaviti pratiti u svemu. Pročitajte Kološanima 2:1-10.

a. Zašto Pavao opisuje Krista kao "otajstvo Boga", onoga u kojem se nalazi sve blago mudrosti i znanja? (v. 3-4)

b. Kako Pavao izaziva Kološane da odgovore Kristu, sada kad su ga primili kao svog Spasitelja i Gospodina? (stih 6-7)

c. Za što bi se vjernici uvijek trebali brinuti? (r. 8).

d. Kako 10. stih opisuje Isusovu prirodu, kao Boga i kao čovjeka?

5. Vjernik je blagoslovljen obilnom naklonošću i blagoslovima "u Kristu". Pročitajte Efežanima 1:3-14.

a. Navedite najmanje pet blagoslova koje ste primili kao rezultat "u Kristu".

    i.

    ii.

    iii.

iv.

v.

b. Što nam je Sveti Duh učinio nakon što smo povjerovali u Krista (r. 13-14)? Kako se dar Duha odnosi na blagoslove koji će nam doći?

6. Mi, koji smo nekada bili daleko od Boga, bili smo mu privedeni u Kristu. Pročitajte Efežanima 2:13-22.

a. Kako je Krist uspostavio mir među vjernicima koji su različitog rasnog, etničkog i kulturnog podrijetla? (stihovi 13-18)

b. Pročitajte Efežanima 2:18-22. Povežite grupu s istinom o njima:

i. Građani sa svecima   ___ Izgradnja prebivališta za Boga

ii. Apostoli i proroci   ___ Temelj je izgrađen na njima

iii. Isus   ___ Više ne stranci i stranci

iv. Duh   ___ Glavni kamen temeljac

7. *Bog je odlučio otkriti slavu svoje milosti kroz svoj narod, Cr*kvu. Pročitajte Efežanima 3:8-11. Ispunite praznine: Bog, koji je stvorio sve stvari, kroz _____ otkrio je mnogostruk _____ Boga, objavljen _____ u nebeskim mjestima.

8. *U prošlim dobima i vremenima Bog nije otkrio čovječanstvu svoje veliko otajstvo koje se sada otkriva svim ljudima kroz apostolsko svjedočanstvo o Kristu, pa čak i ne-židovskim vjernicima!*

a. Pročitajte Kološanima 1:24-29. Odaberi najbolji odgovor. Koja je tajna koju je Pavao rekao čuvana godinama, ali sada otkrivena nama?

i. Dan i sat Isusova povratka

ii. Krist u nama, nada slave

iii. Vrsta smrti koju bi Pavao iskusio

b. Zašto mislite da je vijest da se Krist objavljuje među poganima (ne-Židovima) smatrana tako velikim otkrivenjem među vjernicima Pavlovog vremena?

Sažetak

Apostoli u Novom zavjetu svjedoče da je svaki vjernik u Kristu bio ujedinjen s njim i njegovim djelom, snagom krštenja Duha Svetoga. Sveti Duh nas je postavio u Krista, povezujući nas s njegovom smrću, ukopom, uskrsnućem i novim životom. U Isusu više nismo predmeti Božjeg gnjeva i nemamo straha da ćemo biti kažnjeni za mnoge prijestupe (kršenje Božjih zapovijedi) koje smo počinili. Bog nam je osigurao u Isusu potpuno novi status i odnos sa samim sobom i blagoslovio nas brojnim, divnim i milostivim blagodatima i blagoslovima u Kristu.

Od mnogih prekrasnih darova koje smo primili, jedno od najznačajnijih je naše novo članstvo i mjesto u Crkvi, Tijelu Kristovu. Bog nas je sve spojio u Kristu, i stoga sada i sa svim ostalim vjernicima, dao nam je i privilegiju i odgovornost da živimo i rastemo zajedno kao Božja obitelj (1. Ivanova 3:1-3), kao Kristovo tijelo (Rim 12:4- 8), i kao hram Duha Svetoga (1 Korinćanima 3:16-17). Nikada nismo bili namijenjeni da živimo svoj kršćanski život u izolaciji, kao što ljudsko tijelo ne može učinkovito funkcionirati samo s nogama ili samo rukama. Ne, svi su članovi važni da bi tijelo moglo rasti i sazrijevati, i ispunjavati djelo koji je trebao upotpuniti.

Kao takav, svaki vjernik treba sebe promatrati kao nebeskog građanina, onoga koji je spojen s Kristom i živom nadom u njegov povratak na zemlju. U tom smislu, svaka se lokalna crkva može shvatiti kao ambasada Kraljevstva Božjega, postaja nebeskog carstva, gdje se vjernici okupljaju kako bi rasli, štovali i služili Gospodinu s drugim rastućim kršćanima. Od početka, Duh Sveti je vodio Kristov narod tako da identificiraju, ispovijedaju i brane temeljna učenja i prakse apostola, kao što je izloženo u Bibliji i koje je kroz godine podučavala Crkva. Ova velika tradicija, ta temeljna teologija i praksa Crkve, vjeruje se, propovijeda i slavi u lokalnim crkvama širom svijeta, gdje god je Krist priznat kao Gospodin i Krist.

Ulaz koji dobivamo, odmah nakon što povjerujemo, je članstvo u Crkvi, članstvo koje može biti samo u lokalnoj crkvi s pastorom i stvarnim ljudima, gdje možemo rasti, obožavati i služiti Kristu zajedno.

Dodatci

Prilozi koje biste trebali proučiti i razmisliti o, koji su relevantni za ovu lekciju su sljedeći:

Trideset i tri blagoslova u Kristu (Prim. 14)
U Kristu (Dod. 8)

Isus iz Nazareta: Prisutnost budućnosti (Dod. 4)
Naprijed gledajući unatrag: prema evanđeoskom povratku velike tradicije
   (Dod. 16)
Nicejsko vjerovanje (Dod. 24 i 25)
Apostolsko vjerovanje (Dod. 26)

Ključni princip

U Kristu smo primili svaki duhovni blagoslov (Efežanima 1:3).

Proučavanje primjera

Pročitajte i razmislite o sljedećim slučajevima i konceptima, te dajte odgovore i uvide u njihovo rješavanje, na temelju tekstova koje ste prethodno proučavali.

1. **"Ne trebam se krstiti, zar ne? Već sam to učinila jednom."** Sestra koja je nedavno prihvatila Krista razgovarala je sa svojim pastorom da li trebala biti krštena, budući da je već bila krštena kao dijete. Naravno, kada je prije mnogo godina bila krštena, nije ni razumjela niti se posvetila Kristu - imala je samo 12 godina, nije imala pojma o čemu se krštenje radi, a sada je bila prilično sigurna da tada nije vjerovala u Krista, kad je je to učinila. Što biste savjetovali toj novoj odrasloj vjernici - treba li ponovno tražiti krštenje, ali ovaj put to učiniti s punim znanjem o tome što to znači, i s jasnim osjećajem vlastite vjere i predanosti Isusu Kristu kao Gospodinu i Spasitelju?

2. **Moj prijatelj kaže da bih je trebao „imenovati i proklamirati" da bi primio Božje blagoslove. Kako se to razlikuje od onoga što Biblija kaže?** Novi vjernik posjećuje crkvu u kojoj se kršćani potiču da "imenuju i proklamiraju" Božje blagoslove za život, za fizičke potrebe, za iscjeljenje u bolesti i za naklonost usred nevolja. Puno se pozornosti posvećuje fizičkim blagoslovima (novac, zdravlje i imovina), a malo se pažnje posvećuje našim duhovnim blagoslovima "u Kristu". Kako bismo trebali razumjeti odnos između Božje izjave da smo primili sve duhovne blagoslove u Kristu? (npr. Ef 1:3), i široko rasprostranjeni naglasak u mnogim crkvama na tvrdnju o Božjim blagoslovima i naklonosti u fizičkim stvarima života (tj. pitanjima "zdravlja i bogatstva"). Kako ispravno razumijemo naglasak između ove dvije domene Božjeg blagoslova i brige?

3. **Ne mogu dobiti ono što trebam od jedne lokalne crkve. Dobivam ono što mi treba iz različitih crkava u gradu - obožavanje iz crkve A, učenje iz crkve B i zajedništvo iz crkve C. Je li to u redu?** "Crkveno skakanje" je uobičajena pojava među mnogim Kristovim sljedbenicima danas. Uvjereni da jednostavno ne mogu dobiti sve što im je potrebno

da bi rasli i napredovali u jednoj lokalnoj crkvi, mnogi su kršćani preuzeli obrazac „Crkvenog skakanja", pohađaju različite crkve u različito vrijeme kako bi pristupili različitim poukama, programima ili mogućnostima obožavanja. U svijetu u kojem je svatko naviknut na "dobivanje onoga što im je potrebno" iz različitih izvora, vjernici su primijenili istu logiku na pohađanje crkve. To se obično temelji na ideji da nijedna crkva ne bi mogla zadovoljiti sve potrebe prosječnog kršćanina ili kršćanske porodice. Oni koji to prihvate tvrde da dobivaju najbolje moguće iskustvo obožavajući u jednoj zajednicu, slušajući propovijed u drugoj i sudjelujući u maloj grupi s trećom. Ako je zdrava lokalna crkva ambasada Kraljevstva, zašto ne bi bilo baš najbolje uključiti se u " Crkveno skakanje" za naš put do kršćanske zrelosti?

Povezanost

Provedite vrijeme ovog tjedna proučavajući tekstove koji govore o blagoslovima i blagodatima koje sada imate kao kršteni vjernik u Kristu. Ne možete niti razmišljati o, niti primiti ove mnoge blagoslove ako nemate saznanja o tome što su oni i što oni znače za vaš kršćanski život! Proučite stihove u prilogu "33 blagoslova u Kristu" i upoznajte se s tim istinama. Što više razumijete ono što vam je Bog dao, to ćete više biti u stanju učiniti ih dijelom vlastitog unutarnjeg razgovora i dijelom vašeg molitvenog jezika dok budete zahvaljivali i molili od Gospodina.

Ako se još niste pridružili lokalnoj crkvi (mislim, ambasadi Kraljevstva Božjega!), Onda zamolite Gospodina da vas vodi u danima i tjednima koji dolaze da dođete na pravo mjesto (ne mjesta!) Da bi vas vodio, morate biti pod dobrim pastorskim autoritetom, i u zajedništvu s drugim predanim kršćanima te pronaći načine kako možete koristiti svoje darove da biste služili i poučavali druge. Ključ je preuzimanje obveze ne samo prisustvovati službama, nego i ispitati što znači postati član, živi dio tijela u kojem se okupljate s drugima. Nemojte se obeshrabriti ako vam se na početku čini neugodno ili usamljeno; istrajte u svom sudjelovanju i vjerujte Gospodinu da otvara vrata prijateljstva i služenja dok idete. Bog će vas voditi i ako imate strpljenja, donijet ćete mnogo ploda (Gal 6:7-9).

Potvrda

Budući da sam kršten u Kristu, dijelim sve blagoslove, slavu, nadu i patnje Kristove sa svim kršćanima posvuda i tijekom vremena.

Molitva

Billy Sunday, koji je bio popularni bejzbolski reprezentativac Nacionalne lige 1880-ih postao je slavni i utjecajni evangelizator u prva dva desetljeća 20. stoljeća. Nedjeljno propovijedanje privuklo je mnoštvo ljudi na njegove kampanje u nekim od najvećih američkih gradova. U jednoj od svojih

*Neki izvori kažu: "Autor je nepoznat". Jedna internetska stranica kaže da se molitva pripisuje Sv. Patriku, dok nekolicina kaže Billy Sunday-u.

slavnih propovijedi koja je uzdizala svu dostatnost Isusa Krista, Billy Sunday je ovim riječima odao počast Spasitelju. *

Krist moje Sve

Krist za bolesti, Krist za zdravlje,
Krist za siromaštvo, Krist za bogatstvo,
Krist za radost, Krist za žalost,
Krist danas i Krist sutra;

Krist moj život i Krist moje svjetlo,
Krist za jutro, podne i noć;
Krist, kad svugdje popusti,
Krist moj vječni boravak;

Krist moj ostatak, Krist moja hrana,
Krist iznad mog najvišeg dobra;
Krist moj dragi moj, prijatelju moj,
Krist moje zadovoljstvo, bez kraja;

Krist moj, Spasitelj moj, Krist moj,
Krist moj dio, Krist moj, Bog moj!
Krist moj pastir, ja sam njegova ovca,
Samoga Krista duša moja čuva;

Krist, voditelj moj, Krist moj,
Krist je oslobodio moju dušu;
Krist, moja pravednost božanska,
Krist za mene, jer On je moj;

Krist, moja mudrost, Krist moje tijelo,
Krist obnavlja noge mojim koracima;
Krist moj zagovornik i svećenik,
Krist koji ne zaboravlja najmanje;

Krist moj učitelj, Krist moj vodič,
Krista moja stijena, u Kristu se skrivam;
Krist vječni kruh,
Krist je prolio svoju dragocjenu krv;

Krist nas je približio Bogu,
Krist vječna Riječ;
Krist moj gospodar, Krist moja glava,
Krist koji je za moje grijehe prokrvario;

Krist, slava moja, Krist moja kruna,
Krist je Zasada velike Časti;
Krist, moj tješitelj na visini,
Krist, moja nada, uvijek privlači.

~ H.W.S. Knjiga citata govornika:
Više od 4.500 ilustracija i citata za sve prigode.
Roy B.Zuck, Grand Rapids, MI: Kregel Publications, 1997, str. 57.

Vapaj srca Bogu

Vječni Bože, Bože moj i Oče moga Gospodina Isusa Krista, hvala ti što si mi dao da budem jedno s tvojim Sinom. Hvala ti puno, Gospodine, za mnoge prekrasne darove i blagoslove koje sam primio kroz Krista, i posebno ti zahvaljujem na velikom blagoslovu što sam postao član tvog naroda, tvoje Crkve i Tijela Kristova. Vjerom si me učinio jednim od svih vjernika, i podario mi čast i dužnost življenja, rasta i služenja u lokalnoj crkvi, živoj zajednici koja se otkriva kao tvoja obitelj, kao tijelo Isusovo, i kao hram Duha Svetoga. Znati te jeste ljubiti tvoj narod, jer ti si ljubav.

Znam da mi nisi namijenio da živim svoj kršćanski život kao buntovnik, pokušavajući se boriti u dobroj bitci sam, u izolaciji. Odvedi me u lokalnu crkvu u kojoj želiš da rastem, pod pastorom koji može čuvati moju dušu, i sa kršćanima koje mogu voljeti - onima ratnicima s kojima mogu iskoristiti svoje darove za izgradnju dok svjedočimo o tvojoj ljubavi našim bližnjima. Hvala ti za tvoju crkvu. Učini me plodonosnim i krotkim članom svog naroda, i pomozi mi da rastem dok sam u zajedništvu s njima, u Kristovo ime, amen,

Za dodatno proučavanje

Na **www.tumi.org/sacredroots** imamo odjeljak posvećen dodatnim pisanim i video resursima.

John Eldridge. Epic: Priča koju Bog priča. Thomas Nelson, Inc., Nashville, TN: 2004.

Za slijedeću sesiju

Na sljedećoj sesiji istražit ćete Talente koje primamo, uključujući sljedeće teme:
1. Duh Sveti daruje vjernike darovima da služe Tijelu.
2. Dana nam je sloboda u Kristu da prakticiramo svoje darove.
3. Primamo snagu da zajedno rastemo u zrelosti i jedinstvu.

Pamćenje stiha

Efežanima 1:3

Zadatci

1. Napišite pjesmu ili pismo Gospodinu, zahvalivši mu za sve što je učinio.
2. Pročitajte Nicejsko vjerovanje u dodatku. U vašem dnevniku, sažmite ključne istine koje nam Nicejsko vjerovanje govori o vojsci u koju ste ušli.
3. Upoznajte se sa zrelim vjernikom u crkvi i pitajte kako mu je crkva pomogla da živi kršćanski život, što bi bilo nemoguće da učine sami.

TALENT KOJI PRIMAMO
Uloga Duha Svetoga u Božjoj bitci vjere

Kao darove Crkvi, Bog je apostolima, prorocima, evangelizatorima*, zajedno s pastirima* i učiteljima, dao sve u svrhu opremanja svetih za djelo služenja i izgradnju Kristova tijela. Božja namjera je da svi kao vjernici postignemo jedinstvo vjere i intimnog poznavanja Krista, Sina Božjega, da postanemo potpuno zreli duhovno, do same mjere poznavanja punine Kristove. Bog želi da se više ne ponašamo kao djeca, bacana okolo, tu i tamo valovima lažnog učenja, koje nosi svaki vjetar doktrine, koje varaju da nas poljuljaju lažima. Umjesto toga, on želi da naučimo govoriti istinu u ljubavi, odrastajući u svakom pogledu u onoga koji je glava čitavog tijela vjernika, Isusa Krista.

Pavao Efežanima (Ef 4:11-15)

Ciljevi

Do kraja ove sesije, trebate prigrliti Talent koji primamo vjerujući da:
- Duh Sveti prebiva u svakom vjerniku i daruje svakog vjernika darovima da služe Tijelu.
- Dana nam je sloboda u Kristu da prakticiramo svoje darove, kako nam Duh Sveti pruža mogućnost služenja.
- Duhovim vodstvom, darovima i snagom dobivamo dovoljnu snagu da živimo u čvrstom zajedništvu s drugim vjernicima u crkvi, rastući zajedno u zrelosti i jedinstvu.

Uvodna molitva za mudrost

Vječni Bože, Oče moj, u svojoj Riječi govoriš da si ti izvor sveg znanja i mudrosti. To priznajem kao istinu, dragi Oče, i molim da mi daš tvoju mudrost, da bih mogao ispravno podijeliti Riječ istine (2 Timoteju 2:15). Molim te da me poučiš i podučiš da znam put kojim bih trebao ići (Ps 32:8) i usmjeri moje korake. Prikloni moje uho da čujete tvoj glas, a sada me ispravi kako mislim i govorim, i vodite me ako sam zalutao.

....

*Evangelizatori** se odnose na one radnike nadarene Duhom da učinkovito prenesu dobru vijest Evanđelja izgubljenima. Dok je svim vjernicima zapovjeđeno da dijele evanđelje, neki su više nadareni u ovom području i pomažu u izgradnji Kristova tijela.

*Pastori** su "pastiri" koji su zaduženi za brigu za stado, tj. za lokalnu crkvu. Pastori moraju štititi stado svojim biblijskim učenjem, pobožnim savjetom i ohrabrenjem, upozoravajući ovce na opasnosti i vodeći stado da obavljaju Božje djelo u svojim zajednicama.

Oče, podari mi dar razlučivanja i osposobi me dok učim znati razliku između pobožnih i bezbožnih učenja, duhova i darova. Pokaži mi po Duhu Svetom što je tvoja volja i daj mi uvid u to kako mogu izvršiti tvoje nakane cijelim svojim srcem.

Dragi Bože, molim te pomozi mi da budem brz da čujem i slušam, sporo da govorim i sporo da se ljutim (Jakov 1:19). Riječi mojih usta i misli moga srca neka ti budu ugodne. Dopustite mi da govorim tvoju istinu s mudrošću da bi svi s kojima govorim mogli razumjeti i imati koristi od tvoje istine.

Poduči me sada u ovoj studiji dok primam tvoju riječ i pouku. Te stvari tražim u snažnom imenu Isusa, mog Gospodina i Spasitelja, Amen.

Kontakt

1. **"Jesu li apostoli i drugi ključni vođe prošli?"** U proučavanju Biblije o Efežanima, novi kršćanin pročitao je Efežanima 4:11-15 i postavio pitanje: "Mislio sam da apostoli, proroci i ljudi poput toga ne mogu sada postojati u crkvi. Što znači ovaj tekst? Imamo li ljude koji danas djeluju kao apostoli i proroci, i ako da, gdje su oni? Ako razumijem što Pavao govori, Bog nam je dao ove ljude kako bi nam pomogli da naučimo služiti drugim ljudima. To je stvarno kul! "Što mislite, što tekst danas znači za nas - nastavlja li Bog darovati vođe Crkvi kako bi kršćani mogli postati djelotvorni službenici u svijetu?

2. **"Čak ni ne poznajem svog pastora."** Na molitvenom sastanku muškaraca pojavila se tema o potrebi da budemo pod autoritetom pastora i uvježbavamo ga. Jedan od prisutnih je rekao: "Da, Bog nam je dao pastire kako bi nas štitili i zaštitili od lažnih učenja i duhovnih opasnosti. Oni su Božji pastiri, koji imaju Gospodinovu ovlast da nam pomognu kao Kristovim ovcama, da budemo dobro nahranjeni, jaki i spremni na službu. "Jedan novi kršćanin u crkvi je rekao:" Čujem što govoriš, ali iskreno, čini mi se ne mogu zamisliti to. Jednom sam razgovarao s pastorom (što je bilo davno, kad sam prvi put došao u crkvu), i uopće ga ne poznajem. Iskreno, ne poznajem svog pastora. Kako me može pasti ako ga ja ne poznajem? "Kakav bi savjet dali ovom novom vjerniku - što vjerujete da Bog namjerava učiniti s njegovim nedostatkom odnosa sa svojim pastorom?

3. **"Kako doista znate kada imate Duha Svetoga?"** Mlada kršćanka bila je zabrinuta zbog razgovora koji je vodila u autobusu s osobom koja je rekla da je "pentekostalna" kršćanka. Ta joj je osoba rekla da treba dobiti Duha Svetoga, što bi se pokazalo njezinim "krštenjem u Duhu

Svetom", nakon čega slijedi njezin govor u jezicima*. Mlada sestra joj je odgovorila: "Prošlog sam tjedna na biblijskom proučavanju naučila da je svaka osoba koja se pokaje i vjeruje u Isusa zapečaćena Svetim Duhom i da On u nama živi odmah kad povjerujemo. Također smo naučili da nam daje darove koji će nam pomoći da služimo drugim kršćanima u tijelu Kristovu, a da su jezici jedan od darova Duha - ali mora li svaki kršćanin imati svaki dar? Kako to djeluje? "Sestra je sada zainteresirana da sazna više o Duhu Svetom - kako bi trebala nastaviti učiti?

Sadržaj

U posljednjoj sesiji (Ulaz koji smo dobili) saznali smo da smo, kada smo povjerovali u Isusa, bili kršteni u Krista i naslijedili mnoštvo blagoslova u Kristu. Sada ćemo istražiti nešto od onoga što Biblija kaže o Duhu Svetom, njegovom djelu i blagoslovu u životima vjernika i vidimo kako on pruža posebne darove i sposobnosti kako bi nam pomogao da rastemo i postajemo jaki dok hodamo s Gospodinom u njegovoj priči. , boreći se za dobru bitku vjere.

Duh Sveti je zalog (garancija) buduće baštine koju ćemo mi kao kršćani primiti kada se Gospodin Isus Krist vrati da uspostavi svoje Kraljevstvo. Duh svakom vjerniku daruje duhovni dar kako bi uzdigao (izgradio) druge članove Kristova tijela u lokalnoj crkvi. Duh Sveti dolazi na svakog vjernika; nitko nije izostavljen jer Tijelo zahtijeva sudjelovanje, doprinos i uključenost svih članova tijela. Zahvaljujući njegovoj milosti, Bog nam također daje oprost i oslobođenje od grijeha, krivnje i osude kako bismo mogli služiti drugima u Kristovu imenu hrabro i smjelo. On nam omogućuje da rastemo dok razmišljamo o Božjoj riječi (teologija), uzdižemo njegovo ime u Riječi i kroz Gospodnju večeru (obožavanje), formiramo se duhovno dok hodamo zajedno u duhovnim disciplinama (učeništvo), i dijelimo Radosnu vijest riječju i djelom (svjedočimo).

Kako nastavljamo rasti u svojoj sposobnosti da obožavamo Boga i borimo se u toj borbi, postajemo zreli u svojoj vjeri tako da možemo opremiti druge vjernike. Što više vjernika raste u zrelosti, to je više jedinstva u Crkvi, a to je ugodno Kristu.

---

*Govori u jezicima - Kada je Crkva rođena po dolasku Duha Svetoga (Djela 2), vjernici su od njega primali darove, uključujući i sposobnost govora u jezicima koje inače ne znaju govoriti. Ovaj se dar spominje u Novom zavjetu kao dar vjernicima za njihovu izgradnju (1Kor. 12:1-31), dok su u drugim slučajevima novim vjernicima dana ta ista sposobnost da govore u jezicima koje nisu učili, nakon što su primili Krista po vjeri (npr. Djela 10:44-46). Danas se u nekim crkvama vjeruje da svaki kršćanin mora slijediti ovaj obrazac govora u jezicima koji nikada nisu učili, dok druge crkve vjeruju da je to dar Duha Svetoga, darovan nekima, a nekima ne. Druge pak crkve vjeruju da je govor u jezicima bio samo za ranu Crkvu i da se ovaj dar ne daje vjernicima danas.

Sveti Duh je Božji predstavnik. On odražava Božju istinu. To znači da ako osjećate da Duh vodi vaše misli ili usmjerava vaše postupke, njegovo vodstvo uvijek se slaže s istinom Božje Riječi. Duh nas nikada ne vodi na načine koji se protive Svetom pismu. On neće; Ne može. On predstavlja i uzdiže Isusovu osobu. On daje prosvjetljenje Božjem karakteru i putovima.

Dakle, kada vjerujete da Duh vodi vaš život, upotrijebite ovaj test: odgovara li to istini Biblije? Ako ne, pošaljite ga na otok „krivih" misli. Svi smo sposobni za maštu i lutanje misli. Zapamtite Pavlove riječi savjeta: držite te misli zarobljenim i vidite jesu li poslušne Kristovoj istini. Ako se ne slažu sa Svetim pismom, one nisu od Duha - i ne pripadaju vašem mislima.

~ Jennifer Rothschild.
Samopouzdanje, razgovor o duši: što reći kada razgovarate sa sobom.
Eugene, OR: Harvest House Publishers, 2001., str. 54-55.

Talent koji primamo
Lekcija 4 Proučavanje Biblije

Pročitajte sljedeće odlomke Pisma i ukratko odgovorite na pitanja povezana s svakim biblijskim učenjem.

1. Isus se molio za nas i za sve one koji će povjerovati u njega kao Gospodina i Spasitelja. Pročitajte Ivan-a 17:20-26. Navedite tri stvari koje Isus traži od Oca u naše ime.

   a.

   b.

   c.

2. *Sveti Duh sada prebiva (živi unutar) svakog kršćanina koji se pokajao i povjerovao u Isusa Krista. Pročitajte Rimljanima 8:9-17 i odgovorite na sljedeća pitanja:*

   a. Može li netko posjedovati spasenje u Kristu, a ne imati Duha Svetoga? (stihovi 9-10)

   b. Kako će oni koji vjeruju uskrsnuti od mrtvih? (st. 11)

   c. Kako prepoznajemo one koji su stvarno Božja djeca? (stihovi 14-15)

   d. Kako nam Duh pomaže da znamo da pripadamo Bogu?
       (stihovi 16-17)

3. *Bog Otac nam je dao milosne duhovne darove kroz Duha Svetoga za izgradnju Kristova tijela koje je jedno. Pročitajte Rimljanima 12:3-8. Navedite neke od darova Duha Svetoga koji se spominju u ovom odlomku.*

   a.

   b.

   c.

   d.

   e.

4. *Postoje različiti darovi, službe i aktivnosti koje pruža Sveti Duh, ali on svakom članu daje jedinstvene darove koji će se koristiti za izgradnju drugih kršćana. Pročitajte 1 Korinćanima 12:4-11. Odaberi najbolji odgovor:*

   a. Duhovni darovi su dani tako da vjernici mogu imati dobro samopoštovanje.

   b. Duhovni darovi daju se za opće dobro.

   c. Vjernici mogu birati koje darove imaju.

   d. Neki ljudi nikada ne dobivaju duhovni dar.

5. *Vjernici trebaju biti dobri upravitelji Božjih čudesnih darova milosti, koristeći ih na takav način da se sam Gospodin može proslaviti kroz Isusa Krista. Pročitajte 1 Petrova 4:7-11. Uskladite frazu s odgovarajućom istinom:*

   a. Ljubite jedni druge   ___ S snagom koju Bog pruža

   b. Pokažite gostoljubivost   ___ Pokriva mnoštvo grijeha

   c. Koristite svoj dar   ___ Kao da koristite riječi Božje

d. Govorite ____ Bez gunđanja

e. Služite ____ Služite jedni drugima, kao upravitelji Božje milosti

6. *Duh Sveti nas je pozvao da budemo slobodni, od krivnje i osude. On nam daje moć da ugodimo Bogu i da ne koristimo svoju slobodu kao izgovor da činimo što god želimo. Pročitajte Galaćane 5:13-16. Popunite praznine.*

a. Pozvani ste na _____.

b. Nemojte koristiti svoju slobodu kao priliku _____, već _____ jedni druge.

7. *Imamo izbor, ili živjeti po onim stvarima koje Duh Sveti želi od nas, ili prema sklonostima naše stare grešne prirode. Kako god izabrali, rezultat će biti vidljiv u našim životima. Pročitajte Galaćane 5,16-24 i odgovorite na sljedeća pitanja (točno ili netočno):*

a. T ili N. Ako hodamo u Duhu, tada nećemo zadovoljavati želje naše stare prirode.

b. T ili N. Sveti Duh se slaže s našom starom prirodom o tome što je ispravno.

c. T ili N. Dok su djela naše stare prirode skrivena, plod Duha je jasno vidljiv.

8. *Krist je obećao poslati Duha Svetoga kako bi vjernike opremio da obavljaju njegovo djelo u svijetu. Pročitajte Ivana 16:5-15. Navedite najmanje tri stvari koje je Isus rekao da će Sveti Duh učiniti za nas.*

a.

b.

c.

9. *Vjernik je pozvan na sve načine surađivati sa Svetim Duhom, slušati njegovu Riječ i slijediti njegove poticaje. Pročitajte sljedeće odlomke Pisma i opišite kako trebamo odgovoriti Duhu Svetom.*

a. Rimljanima 8:22-27

b. Efežanima 4:30

c. Galaćanima 5:16

d. Efežanima 5:18

e. 1. Solunjanima 5:19

10. *Bog je dao nadarene muškarce i žene čiji je zadatak učiniti Kristovo tijelo jakim i zrelim.* Pročitajte Efežanima 4:11-15. Šta specifični vođa ima od Gospodina dano Crkvi kako bi u potpunosti postao zrelim u Kristu?

11. *Duh Sveti nam daje sposobnost razumijevanja duhovne istine i osnažuje nas da budemo ispunjeni Božjom puninom.* Pročitajte Efežanima 3:16-19. Navedite tri stvari koje Pavao moli da Duh učini u nama.

a.

b.

c.

Sažetak

Isus se molio za nas i za sve one koji su htjeli povjerovati u njega kao Gospodina i Spasitelja. Obećao je da će Sveti Duh doći i nastaniti se u nama. Duh Sveti prebiva (živi unutar) svakog kršćanina koji se pokaje i vjeruje u Isusa Krista. Svakom pojedinom kršćaninu daje posebne darove i sposobnosti sa svrhom za izgradnju vjernika u Kristu, kako bi im pomogli da rastu u Isusu.

Doista, Duh Sveti je zalog (garancija) buduće baštine koju će vjernici primiti kada se Gospodin Isus Krist vrati da uspostavi svoje Kraljevstvo. Bog Otac milostivo je svakom vjerniku dao duhovne darove kroz Duha Svetoga kako bi ojačao i izgradio svoj narod. Iako Duh Sveti može pružiti razne darove, djelovanje i učinke, on svakom kršćaninu daje jedinstvene darove koji će se koristiti za izgradnju drugih kršćana. Svaki vjernik ima darove, i svatko je pozvan koristiti svoje darove kako bi tijelo Kristovo bilo snažno i zrelo.

Pozvani smo biti dobri upravitelji ovih čudesnih darova Božje milosti, koristeći ih na takav način da se sam Gospodin može proslaviti kroz Isusa

Krista. U Duhu smo pozvani živjeti slobodno, a ne kao robovi naše stare prirode, nego kao kanali Duha, po kojima se mogu roditi njegovi plodovi. Trebamo mu se samo predati i slijediti ga u svemu.

Dodatci

Dodatci koje biste trebali proučiti i razmisliti o, koji su relevantni za ovu lekciju su sljedeći:

Naša Deklaracija o ovisnosti: Sloboda u Kristu (Dod. 9)
Isus iz Nazareta: Prisutnost budućnosti (Dod. 4)

> Isti dah puše u flautu, kornet i gajdu, ali drugačija se glazba proizvodi iz različitih instrumentima. Na isti način djeluje jedan Duh u nama, Božjoj djeci, ali nastaju različiti rezultati i Bog se proslavlja kroz njih prema temperamentu i osobnosti svakog pojedinca.
>
> ~ Sadhu Sandar Singh.
> Richard J. Foster i James Bryan Smith, Eds.
> Predana klasika: revidirano izdanje:
> Odabrana čitanja za pojedince i grupe.
> Renovare, Inc. (HarperCollins Publishers), New York. 1993, str. 291.

Ključni princip

Bog djeluje u vama tako da želite djelovali u skladu s njegovom dobrom svrhom (Filipljanima 2:13).

Proučavanje primjera

Pročitajte i razmislite o sljedećim slučajevima i konceptima, te dajte odgovore i uvide u njihovo rješavanje, na temelju tekstova koje ste prethodno proučavali.

1. **Može li Sveti Duh ikada napustiti kršćanina?** Povremeno će svaki vjernik biti suočen s iskušenjem da posumnja u svoje spasenje, čak i pomisliti da ga je Duh Sveti napustio. Neka učenja tvrde da osoba koja se pokajala i vjerovala u Krista može, zbog svoje vlastite namjerne neposlušnosti Bogu, zapravo djelovati na takav način da više nije Kristovo dijete. Pogledajte sljedeća Pisma i odgovorite na ovo pitanje: može li Sveti Duh ikada napustiti kršćanina?

   a. 1. Ivanova 5:11-13:

   b. Efežanima 1:13-14:

   c. Rimljanima 8:31-39:

2. **Kako znam da je nešto od Duha Svetoga, a ne od mene?** Jedna od glavnih briga svakog rastućeg vjernika u Isusa je kontrola vlastitih misli i samopouzdanja. Iako smo spašeni i pripadamo Isusu Kristu, neprijatelj još uvijek ima pristup našim mislima i može nam sugerirati stvari koje nisu ni od Gospodina ni za našu dobrobit. Nije svaka misao koja vam se pojavljuje u umu od Gospodina! Đavao je lažljivac i varalica (Ivan 8:44), a mi ga možemo ga nadvladati, jer je Duh Sveti (Onaj koji prebiva u nama) jači od njega (1. Ivanova 4:4)!

Možemo oponašati našeg Gospodina, odupirati se đavlu razumijevanjem Svetog pisma , te odbiti prihvatiti ili prepustiti se mislima i razgovorima unutar sebe, odnosno koji mogu proći kroz naše umove (Rim 12:1-2; 2 Kor. 10:3-5) , Pročitajte izvješće o Isusovim iskušenjima i zapazite kako je on odgovorio đavolovoj laži Božjom riječi, tako da možete slijediti njegov primjer (Matej 4:1-11).

3. **Kakav je odnos Duha Svetoga s Božjom riječi?** Siguran, snažan način da upoznamo Duha jest spoznati njegovu Riječ. Biblija kaže da je Duh Sveti vodio autore Biblije na takav način da je ono što su napisali nadahnuto samim Bogom (2 Pet. 1:20-21; 2 Tim 3:15-17). Kad čujemo propovjedi iz Biblija, čitamo, pamtimo stihove, proučava odlomke i meditiramo na njihov sadržaj, možemo upoznati um Duha Svetoga. Kršćansko ofenzivno oružje u borbi protiv laži je Božja riječ, "mač Duha" (Ef. 6:17). Zašto je važno preispitati sve izjave koje čujemo protiv učenja mača Duha, Biblije (vidi 1. Solun. 5:19-21)?

Povezanost

Kao novi i rastući kršćanin, važno je da razumijete dar Duha Svetoga, koji prima svaki koji vjeruje u Krista. Posljednjeg dana blagdana, velikoga dana, ustade Isus i povika: "Ako je tko žedan, neka dođe k meni i pije. Tko vjeruje u mene, kao što Pismo kaže: "Iz srca njegova izvirat će rijeke žive vode." A ovo je govorio o Duhu, koga su primili oni koji vjeruju u njega, a Duh još nije bio dan, jer je Isus još nije bio proslavljen "(Ivan 7:37-39). Kao vjernik, vi ste zapečaćeni Svetim Duhom sve dok se Krist ne vrati i otkupi nas (Ef 1:13-14). U pravom trenutku u povijesti, Bog je poslao svoga Sina da nas otkupi kako bismo mi koji vjerujemo mogli biti usvojeni u njegovu obitelj kao njegova djeca. Sada, budući da smo njegova djeca, Bog je poslao Isusov duh u naša srca, vičući: "Abba! Oče! "(Gal 4,6-7).

Duh Sveti vas je pozvao da budete slobodni, da hodite u njegovoj snazi, da budete informirani i blagoslovljeni njegovom Riječju. Pozvani smo živjeti bez osude, optužbe i krivnje. Više ne trebamo popustiti svojim sebičnim, grijehom usmjerenim putovima. Možemo formirati nove navike razmišljanja, iskusiti nove pristupe životu i imati nove načine povezivanja s drugima. Budući da Sveti Duh živi u nama, nismo obvezni slijediti strasti naše stare grešne prirode. Imate izbor; možete živjeti po onim stvarima koje

Duh Sveti želi da učinite ili, prema sklonostima vaše stare grešne prirode. Što god odabrali, doći će žetva (Gal 6:7-9).

Izaberi život! Hodite u Duhu, a ne po tijelu. Zamolite Svetog Duha da vas ojača. Ostanite u njegovoj Riječi (Svetom pismu) i stalno razgovarajte s njim. Poštujte ga odmah u svim stvarima koje traži od vas. Nemojte se obeshrabriti. Što više "držite korak s" Svetim Duhom, lakše ćete ga čuti, slušati ga i slijediti njegovo vodstvo. 6,7-9).

Potvrda

Duh Sveti živi u meni, dajući mi vodstvo i snagu da svoj posao obavljam slobodno i pouzdano, tako da Crkva može rasti u jedinstvu i zrelosti na slavu Božju.

Molitva

Ivan Zlatousti (349.-407.) Bio je važan vođa rane Crkve, poznat po svom zadivljujućem propovijedanju i javnom govoru. Zapravo, njegov nadimak (Zlatousti) dolazi od grčke riječi "Chrysostomos", što znači "zlatna usta".

Molitva za milost, slavonska liturgija Ivana Zlatoustog

U miru, pomolimo se Gospodinu.
 Gospodine, smiluj nam se.
Za mir odozgo i za spasenje duša naših,
Pomolimo se Gospodinu.
 Gospodine, smiluj nam se.
Za mir cijelog svijeta, za dobrobit svetih crkava Božjih i za jedinstvo svih,
 pomolimo se Gospodinu.
 Gospodine, smiluj nam se.
Za ovu svetu kuću i za one koji s vjerom, poštovanjem i pobožnim strahom
 ulaze u nju, molimo Gospodina.
 Gospodine, smiluj nam se.
Za naše [biskupe i druge] svećenstvo i za zajednice koje su se obvezale da će
 služiti, molimo se Gospodinu.
 Gospodine, smiluj nam se.
Za našu zemlju, za sve njezine ljude i za one kojima je povjerena civilna
 vlast, molimo se Gospodinu.
 Gospodine, smiluj nam se.
Za ovaj grad, za sve gradove i zemlje i za one koji u njoj prebivaju,
 pomolimo se Gospodinu.
 Gospodine, smiluj nam se. Amen.

~ Roger Geffen. Priručnik za javnu molitvu. str. 115.

Vapaj srca Bogu

O, Božji Duše, Duše Oca i njegovog Sina, Isusa Krista, ti si Bog, Treća Osoba Presvetog Trojstva. Ti si Duh istine, ljubavi i svetosti i znamo da i nam poslan od Oca na zahtjev Gospodina našega Isusa. Budući da sam se uzdao u Isusa, ti si došao k meni, i sada te obožavam i volim te svim svojim srcem. Hvala ti što živiš u meni, što si me zapečatio kao Božju svojinu, učeći me Božjoj Riječi da mogu znati i tražiti Boga kao svoju svjetlost i snagu. Ti si moja snaga.

Ispuni moje srce ljubavlju prema Gospodinu i strahom Božjem. Vodi me putovima Gospodnjim i savladaj u meni svaku želju za grijehom, da ostavim svoju volju i djelo. Dajt mi strpljenje i jasnoću, da ne bih upao u grijeh i povećaj mi vjeru, da bih se mogao držati za tebe, zavisiti od tebe i pomoću tebe postati više kao Isus, moj Gospodin. Zato promijeni moj život da može postati sveti život, život za koji si me pozvao da živim, i pomozi mi da te molimo, nebeski Oče, u svemu. Ti si moj Izvor, koji zajedno s Isusom i Duhom kraljuje kao jedan Bog. Kroz Isusa Krista, mojeg Gospodina, molim. Amen.

Za dodatno proučavanje

Na www.tumi.org/sacredroots imamo odjeljak posvećen dodatnim pisanim i video resursima.

Idite na www.tumiproductions.bandcamp.com i preuzmite pjesmu, "Božji duh", himnu koja traži snagu Duha Svetoga u našim životima.

Foster, Richard J. i James Bryan Smith Eds. Klasična pobožnost: Revidirano izdanje: Odabrana čitanja za pojedince i grupe. Renovare, Inc. (HarperCollins Publishers), New York. 1993.

Za iduću sesiju

U sljedećoj sesiji istražit ćete **Savršenost koju pokazujemo**, uključujući ove teme:
1. Mi moramo oponašati Boga kao draga djeca.
2. Kao ambasadori, moramo predstavljati Boga kao sveti, zahvalni ljudi.
3. Živimo život ljubavi i služenja drugima.

Pamćenje stiha

Filipljanima 2:13

Zadatci

1. Zatražite susret s pastorom, starješinom ili đakonom kako biste saznali načine na koje možete služiti u svojoj crkvi.
2. Pitajte dva zrela vjernika u svojoj crkvi što misle da su njihovi duhovni darovi i kako su došli da ih otkriju.
3. Odaberite način služenja i počnite služiti u lokalnoj crkvi.

SAVRŠENOST KOJU POKAZUJEMO

Živjeti kao Božji sveti I ambasadori Krista u ovom svijetu

Moramo onda biti nasljedovatelji Boga, ponašati se kao njegova vlastita djeca u kojima uživa. I trebali bismo učiti hodati u ljubavi, činiti to na isti način na koji nas je Krist ljubio i predao svoj život za nas u svoje ime, kao mirisnu dar i žrtvu Bogu. Niti jedna vrsta seksualno nemoralnog ponašanja ili nečistoće ili pohlepe* ne bi se smjela nalaziti među vama, jer to vam ne bi priličilo kao Božjim svetima, kao njegovim svetima*. Ne smije biti nikakvih prljavština, glupih govora ili grubih šala među vama, takve stvari nisu u skladu s vašim pozivom. Umjesto toga, vaše riječi trebaju biti ispunjene zadovoljstvom i zahvalnošću. Znajte to za činjenicu, da svatko tko je seksualno nemoralan ili nečist, ili koji je pohlepan (to jest, idolopoklonik*), neće imati mjesto prebivanja ili položaja ili naslijediti kraljevstvo Isusa Krista i Boga Oca. ,

Pavao Efežanima (Ef. 5:1-5)

Ciljevi

Do kraja ove sesije, trebate prihvatiti Savršenost koju pokazujemo vjerujući da:

- Mi moramo oponašati Boga, kao njegova vlastita djeca koja ga jako vole.
- Kao sveti u Kristu moramo predstavljati Boga pred drugima kao njegovi vlastiti, sveti, zahvalni ljudi.
- Kao veleposlanici, trebamo dijeliti Radosnu vijest spasenja s našim prijateljima, obiteljima i susjedima, pokazujući dobrim djelima Kristovu ljubav u služenju drugima.

....

*pohlepa - pohlepa je snažna želja da se posjeduje nešto ili netko tko pripada nekom drugom. To je više od toga da se nešto želi, to je ekstremna pohlepa koja proizlazi iz usredotočenosti na sebe i arogantnog zanemarivanja Božje namjere.

*Sveti - sveti je netko tko je odvojen za Božje posjedovanje, pokazan u službi i obožavanju. Često je pogrešno shvaćeno da to znači neko čije je ponašanje iznimno dobro i religiozno. Zapravo riječ "sveti" i "posvećen" ili "posvećenje" temelje se na istoj ideji: nešto što je odvojeno za posebnu svrhu. Na primjer, ako imate posebnu haljinu ili par cipela koje nosite samo za posebne prigode, taj komad odjeće je "odvojen" (ili posvećen) u svrhu posebnih događaja. Na isti način, "sveti" su normalni ljudi koje je Bog izdvojio da bi ga štovali i služili mu.

*idolopoklonik - idolopoklonik je netko tko obožava stvorenu stvar, a ne obožava Stvoritelja. Budući da ljudi žele da njihovi životi budu dobri i bez problema, pokušali su steći kontrolu nad svojim okolnostima tako što su stekli prednost moći koju ne mogu razumjeti. Stoga ljudi štuju slike bogova kiše, vremena ili pobjede u ratu, obožavajući ih umjesto povjerenja u Stvoritelja. Drugi su pohlepni za vlastitim dobitkom i vjeruju u sustave kao što su kapitalizam, obrazovanje, vjerske aktivnosti ili militarizam. Prema tome, idolopoklonik je svatko tko nastoji zadovoljiti svoje potrebe bilo čime drugim osim Bogom.

Uvodna moltva za mudrost

Vječni Bože, Oče moj, u svojoj Riječi govoriš da si ti izvor sveg znanja i mudrosti. To priznajem kao istinu, dragi Oče, i molim da mi daš božansku mudrost, da bih mogao ispravno podijeliti Riječ istine (2 Timoteju 2:15). Molim te da me poučavaš i podučavaš putu kojim bih trebao ići (Ps 32:8) i usmjeriti moje korake. Priklonite moje uho da čujete tvoj glas, a sada me ispravite na način na koji mislim i govorim, i vodite me ako sam zalutao.

Oče, podari mi dar razlučivanja i osposobi me dok učim znati razliku između pobožnih i bezbožnih učenja, duhova i darova. Pokaži mi po Duhu Svetom što je tvoja volja i daj mi uvid u to kako mogu izvršiti tvoje nakane cijelim svojim srcem.

Dragi Bože, molim te pomozi mi da budem brz da čujem i slušam, spor da govorim i sporo da se ljutim (Jakov 1:19). Riječi mojih usta i misli moga srca neka ti budu ugodne. Dopustite mi da govorim tvoju istinu s mudrošću da bi svi s kojima govorim mogli razumjeti i imati koristi od tvoje istine.

Poduči me sada u ovoj studiji dok primam tvoju riječ i pouku. Te stvari tražim u snažnom imenu Isusa, mog Gospodina i Spasitelja, Amen.

Kontakt

1. **"Gdje mogu dobiti snagu da to činim, mislim, budem poput njega?"** Kao dio svog prošlog života, mladi kršćanin bio je dio bande koja je mrzila ljude određene rase, "bijelaca". Sve što je njegova banda učinila, sve što su rekli, i sve što su htjeli odnosilo se na okrivljavanje bijelih ljudi za sve ono što su učinili drugima kroz povijest. Banda je bila posvećena da im vrati za povrijede i nasilja koja su činili drugima, da ih obori i povrijedi kad god i kako god mogu. Pri pokajanju, povjerovavši Kristu, ovaj mladi kršćanin odbacio je ovu bandu i svoju mržnju prema bijelcima, ali je brinuo da bi se mogao vratiti u stare navike govora i ponašanja koje je živio tako dugo.

   Nakon što se neko vrijeme borio s mislima o tome, rekao je: "Ne želim biti kao što sam bio, i sada bolje razumijem da Gospodin želi da budem kao on." Ali, iskreno, gdje mogu dobiti snagu da to činim, mislim, da budem poput njega? "Koji bi bio vaš savjet ovom mladom kršćaninu koji se bori s ovim pitanjem?

2. **"Nikada nisam bio svetac i ne mislim da ću ikada biti jedan od te vrste ljudi. Ja, svetac?** "U proučavanju Biblije s mladim kršćaninom (koji je zapravo bio sredovječni čovjek), dogodilo se da učimo da Bog očekuje da živimo kao sveci (sveti) u Kristu. Pismo je bilo jasno da se moramo ponašati na takav način da drugi mogu vidjeti da predstavljamo Boga u onome što radimo. Pozvani smo živjeti svoj status kao oni koji su odvojeni za Božju svrhu i korištenje, kao njegovi vlastiti sveti, zahvalni ljudi. Mladi kršćanin nije mogao vidjeti kako bi mogao

biti takav, uzimajući u obzir sve ono što je učinio i način na koji je ranije živio. Bio je šokiran što će ga Bog nazvati "svetim". Kako je moguće da nas nazivaju "svetima" kad smo učinili ono što smo činili u prošlosti?

3. **"Biti kršćanin je nešto poput biti tajni agent za Kraljevstvo Božje!"** Možda ste vidjeli špijunske filmove u kojima tajni agent koji predstavlja stranu naciju prodire u situaciju i služi interesima svoje zemlje. Ili, ste pratili vijesti i čuli da ambasador govori o stajalištima svoje zemlje o određenom pitanju, koji se odnosi na druge perspektive i politike njegove zemlje. Kada je govorio, on je predstavljao stav svoje nacije, doslovno govoreći kao da je prisutna cijela nacija i daje svoje službeno stajalište o tom pitanju. Kako nam korištenje Biblijskog pojma ambasadora pomaže da razumijemo ulogu i dužnost kršćanina pred njegovom porodicom, prijateljima, suradnicima i komšijama, služeći kao Gospodinov zastupnik i ambasador Kraljevstva?

Sadržaj

U posljednjoj sesiji (Talent koji primamo) naučili ste da vam je Bog, Duh Sveti, kada ste bili spašeni, dao dar(ove) za izgradnju Kristova Tijela. Sada ćete bolje istražiti kako vas Bog namjerava koristiti na kreativne načine da ga zastupate u svijetu dok se borite za dobru bitku vjere.

Sada kada smo postali djeca Božja po vjeri u Isusa Krista (1. Ivanova 3:1-3), pozvani smo da budemo poput Gospodina, da oponašamo Božji karakter, da se ponašamo poput njega i da volimo druge kao da živi kroz nas upravo ovdje na zemlji. Zovemo se "sveti", Božji sveti (svetci), učinjeni pravednima kroz našu vjeru u Krista, posvećeni i očišćeni od grijeha Isusovom krvlju. Bog želi naše posvećenje (odvojenost za Božje posjedovanje i korištenje), da u svakom aspektu našeg života - našim mislima i stavovima, govoru, ponašanju i našim odnosima - možemo pokazati drugima da pripadamo Kristu, i da njegovo kraljevstvo može biti viđeno među nama, u crkvi.

Mi kao vjernici u različitim životnim kontekstima moramo preuzeti ulogu svetosti, i neka nas Duh Sveti, kroz vrijeme i disciplinu, formira u one koje Otac kaže da jesmo. Svatko od nas treba naučiti kako kontrolirati vlastito tijelo u svetosti i časti, jer nas Bog nije pozvao na život sebičnosti i požude, već na novi život koji je i sveti i lijep - život koji ga veliča.

Nadalje, mi smo postali ambasadori za Krista, a Bog sada preko nas apelira na druge. Dok navješćujemo Isusa kao Gospodina i nudimo život u njegovo ime svima koji vjeruju, možemo legitimirati našu poruku načinom na koji živimo, svojim ponašanjem, našim govorom i našim djelovanjem. Sada, kao njegovi veleposlanici, pozvani smo da zastupamo njegove interese, da izgovaramo njegove riječi, da se ponašamo drugačije od onih koji ga ne poznaju.

Umjesto da imitiramo ostatak svijeta, pokazujemo se da smo transformirani ljudi, zahvalni ljudi. Mi smo Kristovi ambasadori. Okrećemo leđa bezbožnom, grešnom načinu života i živimo Bogom ispunjen, Bogom štovani život, dijeleći s drugima život koji nam je dan u Isusu Kristu, našem Bogu i našem Spasitelju. Mi smo njegovo remek djelo, izdvojeno od Boga kako bismo mu donijeli slavu kroz mnogo dobrih djela koja je za nas pripremio. Trebamo voljeti i služiti drugima, ispričati njegovu priču i pozivati druge da nam se pridruže, posebno one u našoj mreži obitelji i prijatelja.

Ovdje je jasno da ne može biti razdvajanja između napredovanja Kraljevstva Božjega od suosjećanja, milosrđa i pravde. Iz ove biblijske osnove moramo premjestiti crkvu na inicijative suosjećanja, milosrđa i pravde. Suosjećanje predstavlja Božju ljubav u nama i teče kroz nas, i ona stvara našu strast prema izgubljenim ljudima i želju da dožive novi život. Milost je naš stav prema slomljenim ljudima i slomljenim zajednicama. To je ono što nas dovodi do umnog sklopa okrivljavanja i prosuđivanja ljudi tamo gdje su. Čak i kada su ljudi u lošim situacijama zbog svojih loših izbora, milost nas navodi da odgovorimo na način koji nadilazi ono što zaslužuju. To je način na koji je Bog gledao na nas kroz nekog drugog dok smo živjeli živote daleko od Boga.

~ Efrem Smith. Crno-bijela crvena pošta:
Postati zajednica ljubljenih u multietničkom svijetu.
San Francisco, CA: Jossey-Bass, 2012, str.

Savršenost koju pokazujemo
Lekcija 5 Proučavanje Biblije

Pročitajte sljedeća Pisma i ukratko odgovorite na pitanja povezana s svakim biblijskim učenjem.

1. Mi smo ujedinjeni s Isusom Kristom kao svojim životom i donosimo plodove u našim životima (živeći sveti život i dijeleći Kristovu ljubav) jer smo u zajedništvu s njim (stalno u odnosu). Pročitajte Ivan 15:1-8 i odgovorite na sljedeće:

    a. U Isusovom razumijevanju vinove loze, vrtlara i grana, tko je Krist, tko je Otac i tko smo mi?

    b. Ako neka grana ne ostane u njemu, prestane vući život i blagoslove od njega, može li ta grana donijeti plod?

   c. Kako Isus kaže da je Otac proslavljen u onome što činimo?

2. Svatko u Kristu je novo stvorenje, pozvano da bude svet i živi kao Kristov ambasador tamo gdje živi. Pročitajte 2 Korinćanima 5:17-6,2.

   a. Koju nam je službu Bog dao (r. 18)?

   b. Što je Bog učinio u Kristu što proizvodi transformaciju i čini novi život dostupnim svima koji vjeruju? (r. 19)

   c. Kakvu ulogu mi imamo kada zastupamo i pozivamo drugime u ime Božje (r. 20)

   d. Opišite apel koji trebamo dati u Božje ime (r. 21).

3. Oni koji vjeruju pozvani su da predstavljaju Krista i slavu njegovog kraljevstva pred drugima u svijetu, u svemu što rade i govore. Pročitajte Matej 5:13-16. Popuni praznine:

   a. Mi smo _____ na zemlji

   b. Mi smo _____ svijeta.

   c. Neka vaš _____ sjaji kako bi ljudi mogli vidjeti vaš _____ i dati slavu _____.

4. Oni koji vjeruju trebaju živjeti kao besprijekorna i čista Božja djeca, sjajeći poput zvijezda usred mračnog i grešnog svijeta. Pročitajte Filipljanima 2:12-16. Uskladite djelovanje s odgovarajućom istinom.

   a. Izradite svoje vlastito spasenje.   ___ Jer Bog je taj koji u vama stvara svoju volju

   b. Učinite sve   ___ kao svjetla u svijetu

   c. Da ste besprijekorni   ___ U dan Kristov [Pavao] nije trčao uzalud

   d. Među kojima zasjajite   ___ Bez gunđanja ili ispitivanja

e. Čvrsto držeći riječ života ___ Dijete Božje bez mane

5. *Božja volja za svakog vjernika je da može živjeti čistim životom, životom svetosti, slijedeći smjernice postavljene za nas od samog Učitelja, Isusa Krista.* Pročitajte 1. Solunjanima 4:1-8. Što Pavao kaže da bismo trebali učiniti kako bismo ugodili Bogu?

6. Kao vjernici u Krista, trebamo usmjeriti svoj um na ono što je gore, i slijediti njegova pravila za sveti život kao što živimo pred drugima ovdje dolje. Pročitajte Kološanima 3:1-17 i odgovorite na sljedeće:

   a. Kako da gledamo na sebe, sada kad smo se pridružili Kristu? (stihovi 1-4)

   b. Kakav stav treba zauzeti o onome što pripada našoj "zemaljskoj prirodi?" (Stihovi 5-9)

   c. Kakve stavove trebamo zauzeti u vezi s našim starim ja i našim novim ja? (stihovi 9-10)

   d. Kakve vrline treba njegovatii, sada kada smo Božji izabrani ljudi? (stihovi 11-17)

7. Božja milost upućuje nas kako živjeti i činiti dobra djela dok se pripremamo za Kristov drugi dolazak. Pročitajte Titu 2:11-14. Popuni praznine.

   a. Božja milost koja donosi spasenje nas osposobljava da se odreknemo _____ i živimo _____ dok čekamo našu blaženu nadu.

   b. Isus je dao sebe za nas da nas otkupi od _____ i očisti ljude koje posjeduje koji su revni za _____.

Sažetak

Kao Božja voljena djeca po vjeri u Isusa Krista, pozvani smo biti nasljedovatelji Boga, biti kao Gospodin i brinuti se za druge u ljubavi. Mi smo kao njegovi članovi ovdje na ovom svijetu, kao da on živi kroz nas, upravo ovdje na zemlji. Kao takvi, pozvani smo da budemo "sveci" (sveti)

Božji, pravedni po vjeri u Isusa. Mi smo odvojeni da živimo živote koji su čisti i sveti pred Gospodinom. Moramo biti posvećeni (odvojeni za Božje posjedovanje i korištenje), kako bismo pokazali i rekli drugima da pripadamo Kristu, da se i oni mogu preobraziti istim Evanđeljem koje je nas preobrazilo. Doista, Bog nas nije pozvao na živote bezbožnosti i nečistoće, već na svetost i pravednost.

Osim što smo pozvani biti sveti, također smo postali ambasadori za Krista, koji predstavljaju Isusa i Kraljevstvo Božje u našim odnosima i našem ponašanju. Mi smo zastupnici Kraljevstva, građani nebeske vladavine Božje, te kao takvi, mi smo ovlašteni nositi Božji poziv drugima u njegovo ime. Moramo biti oprezni da to činimo s jasnoćom, izvrsnošću i smjelošću. I riječju i djelom proglašavamo Isusa iz Nazareta Gospodinom i Kristom, dolazećim Kraljem svijeta. Kroz naša evanđeoska izlaganja nudimo život u njegovo ime svakome tko će se pokajati i vjerovati, a kroz našu demonstraciju ljubavi i dobrih djela pokazujemo što je to Kraljevstvo. Kroz naša djela sviramo pobožnu verziju «Pokaži i ispričaj» svaki dan pred našom obitelji, prijateljima i susjedima, otkrivajući im što znači biti u Kraljevstvu Božjem.

Nitko ne može biti svetac i ambasador za Krista u svojoj snazi i volji. Krist živi u nama po Duhu Svetom, a mi ga možemo zastupati samo dok hodamo s njim. Kada ovisimo o Kristu, tada ga možemo dobro predstaviti.

Dodatci

Prilozi koje biste trebali proučiti i razmisliti o, koji su relevantni za ovu lekciju su sljedeći:

Faktor Oikos (App. 10)
Komuniciranje Mesije: odnos evanđelja (Dod. 19)
Ići naprijed gledajući unatrag: prema evanđeoskom povratku velike tradicije
   (Dod. 16)

Stidim se svaki put kad pomislim da kršćani imaju obješeno lice i plaču zbog toga što će nešto učiniti nešto za Krista, dok bi svjetovna osoba to rado učinila za novac.

~ Hannah Witall Smith.
Richard J. Foster i James Bryan Smith, Eds.
Klasična pobožnost: revidirano izdanje:
Odabrana čitanja za pojedince i grupe.
Renovare, Inc. (HarperCollins Publishers), New York. 1993, str. 239.

> Bog nas poziva da radimo s njim u transformaciji današnjih urbanih središta u gradove Božje. Baš kao što su kraljevske teme šaloma i zemlje vrlo materijalne, ovo-svjetovne stvarnosti, tako i Božja zabrinutost nije za "palače na nebu", nego za žive zajednicama na zemlji. Naposljetku će donijeti svoj grad i kraljevstvo kad dođe vrijeme da se "sve vrati" (Djela 3:21), a zlo će biti osuđeno. Božja zabrinutost i sadašnja misija Crkve, uključuju stvaranje sadašnjeg mjesta pravde i mira, umjesto osuđivanja i bijega. To zahtijeva djelotvorno svjedočanstvo živoga Isusa Krista kao Spasitelja i Suverenog Gospodina.
>
> ~ Howard A. Snyder. Kraljevstvo, Crkva i svijet: Biblijske teme za danas. Eugene, OR: Wipf i Stock Publishers, 2001, str. 48.

Ključni princip

Mi smo njegovo remek djelo, stvoreno u Kristu za dobra djela (Efežanima 2:10).

Proučavanje primjera

Pročitajte i razmislite o sljedećim slučajevima i konceptima, te dajte odgovore i uvide u njihovo rješavanje, na temelju tekstova koje ste prethodno proučavali.

1. **Što se događa kada ne uspijemo?** Često novi vjernici oduševljeno prihvaćaju Božji poziv da budu njegovi sveci i ambasadori za Krista. Dok hodaju s Gospodinom, oni postaju jači, ali zbog kušnji svijeta, đavolske laži i njihovih navika življenja poput svijeta, u svojim starim navikama, one mogu biti ne uspjeti i pogriješiti.

   Što se događa s nama kad ne uspijemo ili ne uspijemo više puta, čak i u istom području? Je li osoba koja tvrdi da je kršćanin, a ipak pada - osoba koja ostaje vjernik? Jesmo li nekako na svetoj uslovnoj, gdje je naše spasenje na snazi dok ne uspijemo - onda je sve poništeno? Da li se još uvijek smatramo svecima i ambasadorima, čak i nakon što smo pogriješili? Pročitajte sljedeća Pisma i podijelite svoj odgovor s drugim vjernikom, za mišljenje i smjer:
   - 1. Ivan 1:5-10
   - Izr. 24:16
   - Jakov 5:16
   - Ps. 32:3-5
   - Izr. 28:12-13

2. **Postoji li jedinstven kršćanski stav po svakom pitanju u društvu?** Živjeti kao Božji svetac i ambasador za Krista je osvježavajuće, ali

nije lako ili jednostavno. Moramo biti oprezni da ne brkamo ono što mislimo s Božjim stajalištem o određenom pitanju, i trebali bismo biti podjednako sumnjičavi ako bismo jednostavno prihvatili ono što najnoviji TV propovjednik misli o temi kao istini Evanđelja. Jednako iskreni i pobožni kršćani su na suprotnim stranama bilo kojeg pitanja, s obje strane navodeći Sveto pismo i tvrdeći da njihovo stajalište predstavlja istinski "kršćanski" stav. Što kršćanin treba učiniti kada naiđe na snažne vjernike koji drže suprotna mišljenja o nekom određenom pitanju? Mora li uvijek postojati jedno, jasno i „ispravno" mišljenje o svakoj temi koja se pojavljuje u društvu? Kako nam Rimljani 14:1-12 pomaže da shvatimo takve stvari dok hodamo s Gospodinom?

3. **Mi govorimo glasnije od onoga što kažemo.** Bez sumnje, govorimo glasnije od onoga što kažemo pred drugima. Moramo paziti ne samo na verbalne tvrdnje o Kraljevstvu Božjem, već zapravo živjeti te tvrdnje kako bi drugi mogli vidjeti i svjedočiti istinu. Apostol Ivan daje primjer toga u svojoj prvoj poslanici:

Tako shvaćamo što je prava ljubav - Isus je položio svoj život za nas. Tada moramo biti spremni položiti svoj život za braću i sestre u Kristu. Međutim, ako netko ima svjetska dobra i vidi svoga brata u nevolji, a ipak zatvori svoje srce za njega, kako Božja ljubav ostaje u njemu? Dječice, nemojmo voljeti riječju ili govorom, nego djelom i istinom (1. Ivanova 3:16-18).

Biblija obiluje svojim pozivom vjernicima da svoju ljubav učine istinitom (Rim 12:9), pokažu kroz služenje drugima (Gal 5:13), ne samo u lijepim riječima, već i u praktičnom djelovanju (Jakov 2:15-17). Zašto mislite da Gospodin toliko stavlja naglasak na to da našu ljubav treba pokazati, ne samo riječima, već i praktičnim dobrim djelima koje ljudi mogu vidjeti i doživjeti?

Povezanost

Sada, morate razmišljati o tome na koji način te dinamične biblijske istine mogu utjecati na vaš život upravo sada. Budući da ste po vjeri u Isusa Krista jedno od Božje ljubljene djece, pozvani ste da budete nasljedovatelj Boga i zovete se sveti, svetci Božji! Razmislite o načinima na koje se trenutno ponašate, kako govorite i reagirajte na druge, kako se odnosite prema članovima obitelji i prijateljima i kako se brinete za druge. Zamolite Svetog Duha za snagu i mudrost kako biste mogli živjeti život koji je više u skladu s Božjim pozivom, s ljudima s kojima ste povezani. Koje stvari trebate prestati činiti, stvari koje mogu blokirati vaše iskustvo s Kristom, i ostaviti pogrešan dojam na druge glede vašeg svjedočenja?

Također, vi ste ambasador za Krista, pozvani da zastupate Krista i njegovo Kraljevstvo u svemu što govorite i činite. Na koje se načine možete bolje povezati ili djelovati prema drugima kako bi im dali jasniju sliku o tome tko je Krist i o čemu je njegovo Kraljevstvo? Ne bojte se biti iskreni. Možda ćete morati potpuno zaustaviti neke stvari, možda početi raditi određene stvari ili promijeniti određena ponašanja ili odnose. Bog vas može navesti da nastavite raditi nešto ili da od vas traži da to činite češće ili s drugima. Budite otvoreni za Duha dok vam govori o vašoj svetosti i veleposlanstvu, a zatim učinite sve što zapovijeda. Zapamtite, pobožnost je jednostavno poslušnost koja se ponavlja na bezbroj malih načina, dan za danom, za danom. Odgovorite Bogu dok vam govori i živite u svom novom identitetu kao svetac Božji i Kristov veleposlanik.

Potvrda

Zbog Božje moći koja djeluje u meni, mogu oponašati Božji karakter, zastupati Boga kao njegov ambasador kroz ljubav i služenje drugima.

Molitva

Augustin iz Hipa (354.-430.) Bio je teolog i filozof čija su djela utjecala na razvoj Crkve u zapadnoj civilizaciji. Bio je biskup Hipa (današnji Alžir). On se smatra jednim od najvažnijih crkvenih otaca. Među njegovim najvažnijim djelima su " Grad Božji " i "Ispovijedi".

Molitva za spoznati Boga, Augustine

Gospodine Isuse pomozi mi upoznati tebe i upoznati sebe,
    i ništa ne želim zadržati, samo Tebe.
Dopustite mi da mrzim sebe i volim Tebe.
Dopustite mi da učinim sve za Tebe.
Dopusti da se ponizim i tebe uzvisim.
Dopusti mi da ne mislim na ništa osim na tebe.
Dopustite mi da umrem za sebi i živim u Tebi.
Dopustite mi da prihvatim sve što se dogodi kao od Tebe.
Dopustite mi da protjeram sebe i slijedim Tebe,
    i uvijek želim slijediti Te.
Dopusti mi da odletim od sebe i potražim utočište u Tebi,
da mogu zaslužiti da me Ti braniš.
Dopusti mi da se bojim za sebe, dopustite mi da se Tebe bojim,
    i dopustite mi da budem među onima koje Si izabrao.
Dopusti mi da ne vjerujem u sebe i da se uzdam u Tebe.
    Dopusti mi da budem voljan poslušati radi Tebe.
Dopustite mi da ne zadržim ništa osim Tebe,
    i dopusti da budem siromah zbog Tebe.

Pogledaj me, da te mogu voljeti.
Zovi me da te mogu vidjeti,
    i zauvijek uživati u Tebi.

~ Don L. Davis. Souourner's Quest.
Wichita, KS: Institut za urbano ministarstvo, 2010., str. 93-94.

Vapaj srca Bogu

Vječni Bože, Bože i Oče moga Gospodina Isusa Krista, hvala ti što si me pozvao da budem i svetac i ambasador za Krista. Želim te zastupati u svemu što radim, okrećući leđa bezbožnosti ovoga svijeta, i odazivam se pozivu koji si mi dao da živim u tvom Kraljevstvu koje će doći. Molim te, Oče, daj mi snagu da budem svetac, da živim u svetosti i čistoći pred tobom svaki dan. Hodi sa mnom i pomozi mi. Dopustite mi da se svaki dan suočim s nadom i pouzdanjem, znajući da je tvoj Duh sa mnom i da će mi on pomoći dok se suočavam s poteškoćama i izazovima dana.

Kao tvoj svetac, i kao tvoj veleposlanik, dopusti mi da danas ne izgubim kontakt s tobom pomozi mi da se u svemu sjećam da više ne pripadam sebi. Kupio si me s cijenom, krvlju Isusovom, i sada ti pripadam. Zato, čuvaj moj um i srce, usprkos svemu što danas mogu susresti. Pomozi drugima da te vide kroz mene, u onome što radim, kako se ponašam i reagiram, i kako se danas odnosim prema svima. Otvori mi oči da vidim kako ti mogu donijeti još više slave u svemu što činim i kažem. Ovo se molim, po Isusu Kristu, mome Gospodaru, amen.

Za dodatno proučavanje

Na ***www.tumi.org/sacredroots*** *imamo odjeljak posvećen dodatnim pisanim i video resursima.*

Don L. Davis. Vizija za misiju: njegovanje apostolskog srca. Wichita, KS: The Urban Ministry Institute, 2012. (Ovaj resurs dostupan je na www. tumistore.org.)

Za slijedeću sesiju

U sljedećoj sesiji istražit ćete **Pouku koju tražimo**, uključujući ove teme:
1. Živimo zajednički u zajednici.
2. Mi slavimo Krista zajedno u lokalnoj crkvi i u malim skupinama.
3. Podložimo se jedni drugima iz poštovanja prema Kristu.

Pamćenje stiha

Efežanima 2:10

Zadatci

1. Uzmite 10 minuta da napravite popis ideja gdje biste mogli biti bolji upravitelj onoga što vam je Bog dao. Razmislite o svom novcu i imovini. Navedite u svom dnevniku kako se mogu bolje iskoristiti za crkvu.

2. Uzmite 10 minuta da procijenite svoj život u smislu zadovoljstva. Gdje ste zadovoljni u odnosu na to gdje ste pohlepni ili zavidni? Pitajte Boga gdje vas nježno vodi da budete zadovoljni svojim stvarima ili odnosima i o tome pišite u svom dnevniku.

3. Uzmite 10 minuta kako biste procijenili kako provodite svoje vrijeme. Pitajte Boga kako biste mogli pojednostaviti svoj raspored kako biste bili dostupni vodstvu Svetoga Duha. Pišite o tome u svoj dnevnik.

4. Razgovarajte sa zrelim vjernikom o lekcijama koje su naučili o korištenju novca, pohlepi i jednostavnom načinu života.

POUKA KOJU TRAŽIMO

Međusobno izgrađivanje u tijelu Kristovom

> Nikad se ne napijte s alkoholom, poput vina, jer to uključuje razvrat*. Umjesto toga, budite kontrolirani i ispunjeni Duhom, ohrabrujući i obraćajući se jedni drugima psalmima i himnama* i duhovnim pjesmama, pjevajući hvalospjeve i praveći melodiju Gospodinu sa srcima zahvalnosti. Zapravo, uvijek zahvaljujte Bogu Ocu i za sve, čineći sve u ime Gospodina našega Isusa Krista. I podlažite se i ugađajte jedni drugima iz poštovanja i bogoštovlja prema Kristu.
>
> Pavao Efežanima (Ef 5:18-21)

Ciljevi

By the end of this session, you should embrace the Edification We Seek by believing that:

- The Christian life is designed to live life together in community, growing together as a family of God, the body of Christ, and the temple of the Holy Spirit.
- We learn of the things of the Kingdom, worship God, and grow as disciples of Christ as we relate to other believers in the local church and in small groups.
- As we follow Christ as Lord, we are built up (edified) in our faith as we learn how to submit to each other out of reverence (respect) for Christ.

Uvodna molitva za mudrost

Vječni Bože, Oče moj, u svojoj Riječi govoriš da si ti izvor sveg znanja i mudrosti. To priznajem kao istinu, dragi Oče, i molim da mi daš božansku mudrost, da bih mogao ispravno podijeliti Riječ istine (2 Timoteju 2:15). Molim te da me poučiš i podučiš na način na koji bih trebao ići (Ps 32:8) i

---

*razvrat - Razvrat je prekomjerno uživanje u užitku. To ne znači da moramo izbjegavati sve što nam daje zadovoljstvo, nego da se držimo podalje od nepromišljenog ponašanja koje sramoti Boga. Bog nam je dao sve za uživanje, ali sve ima svoja ograničenja. Na primjer, kad rijeka teče unutar svojih obala, ona je moćna sila za dobro, ali kad prelijeva svoje obale i poplavi grad, ta rijeka dobiva destruktivnu moć. Na isti način, razvrat je neprimjerena upotreba Božjeg užitka, kada prelijeva svoje granice i postaje destruktivna za pojedinca i one koji su pogođeni.

*psalmi i himne - Psalmi su određena vrsta lirske pjesme koja je u Bibliji pjevana u zajednici, dana kao izraz štovanja Bogu. Psalmi i duhovne pjesme su izrazi ljubavi i obožavanja koje su direktno iz Biblije i koje su kršćani napisali kroz stoljeća.

usmjeriti moje korake. Priklonite moje uho da čujete tvoj glas, a sada me ispravi na način na koji mislim i govorim, i vodi me ako sam zalutao.

Oče, podari mi dar razlučivanja i osposobi me dok učim znati razliku između pobožnih i bezbožnih učenja, duhova i darova. Pokažite mi po Duhu Svetom što je tvoja volja i daj mi uvid u to kako mogu izvršiti vtvoje nakane cijelim svojim srcem.

Dragi Bože, molim te pomozi mi da budem brz da čujem i slušam, spor da govorim i spor da se ljutim (Jakov 1:19). Riječi mojih usta i misli moga srca neka ti budu ugodne. Dopustite mi da govorim tvoju istinu s mudrošću da bi svi s kojima govorim mogli razumjeti i imati koristi od tvoje istine.

Naučite me sada u ovoj studiji dok primam tvoju riječ i pouku. Te stvari tražim u snažnom imenu Isusa, mog Gospodina i Spasitelja, Amen.

Kontakt

1. **"Zbog loših iskustava koje sam imao prije, jednostavno ne mogu ići u crkvu."** Nažalost, mnogi su ljudi pohađali crkve i imali strašna iskustva s drugima u njima. Kakvi god bili problemi - neopraštanje, gunđanje i ljubomornost, nerazumijevanje i osobna povreda - bili su "ugašeni" zbog mogućnosti ponovnog iskustva istog pri odlaska u drugu zajednicu, odnosno u novoj situaciji. Na temelju onoga što sada znate, kako biste savjetovali novog vjernika da pohađa crkvu kako bi rastao u Kristu, posebno ako ste saznali da su se suočili s užasnim iskustvom u drugoj crkvi?

2. **"Ne mogu vjerovati da je Biblija jedna stalna priča o Božjem spasenju njegovog stvorenja i čovječanstva! Čovječe, kakvom Bogu ljubavi služimo!** "Možda znate da je Biblija podijeljena na dva zavjeta (hebrejsko pismo, 39 knjiga, od Postanka do Malahije) i kršćanski Novi zavjet (od Matej do Otkrivenja, 27 knjiga). Ono što možda niste svjesni jest da, iako je Biblija knjižnica knjiga, to je zapravo samo jedna priča koja se odvija, jedna velika drama koja govori o Božjoj ljubavi za njegovo stvorenje i za čovječanstvo. Samo zbog velike Božje ljubavi i predanosti njegovom stvorenju možemo biti spašeni. U tom smislu, kršćanstvo se razlikuje od gotovo svake druge religije. Zapravo, religije se obično usredotočuju na prakse, vjerovanja ili dogme koje ljudi moraju slijediti kako bi postigli stanje savršenstva, dobili blagoslov, bili transformirani ili dobili zaštitu. Kršćanstvo, s druge strane, tiče se toga da Bog daje spasenje čovječanstvu, iako ga ono ne zaslužuje, nije ga tražilo i nije ga moglo zaraditi. Zašto mislite da je ljudima tako teško primiti ovu jednostavnu poruku Pisma? Što bi ih moglo spriječiti da razumiju "Božju milost", njegovu kraljevsku ljubav i milost prema svim ljudima, bez obzira na to tko su, što su učinili i gdje su?

3. **"Kako naš pastor može voditi sve te ljude? Nikad ga neću upoznati!**
    "Jedna od stvari koje Bog stalno izgovara u svojoj Riječi je da mi
    rastemo dok pratimo učenje i primjer pobožnih pastira i vođa koje nam
    pruža. U nekim crkvama, međutim, pastor vodi veliku skupinu vjernika,
    možda stotine ili tisuće. S tolikim vjernicima u crkvi i pastorima koji
    imaju toliko odgovornosti, mnogi se žale da postaje teško, ako ne i
    nemoguće, da svaki vjernik i svaki bračni par i obitelj lično upoznaju
    pastora. "Ako je dobro upoznati svog pastora znak da smo „pastorirani",
    onda vjerojatno neću imati pastora", kaže jedan novi vjernik. - Kako naš
    pastor može voditi sve te ljude. Nikada ga neću upoznati! "Što biste rekli
    da ohrabrite ovog mladog vjernika u njegovu razumijevanju onoga što
    znači biti pod pastoralnom brigom - kako se to može učiniti u današnjoj
    crkvi?

Sadržaj

U posljednjoj sesiji (**Savršenost koju pokazujemo**) saznali ste da trebamo
predstavljati Krista kao njegova draga djeca, da živimo kao Božji sveci i kao
Kristovi ambasadori u palom svijetu. Sada ćete istražiti kako Bog namjerava
da rastemo u našoj vjeri u lokalnoj crkvi, pod autoritetom pastoralnog
vodstva, te u pokornosti jedni drugima u ljubavni kako bismo se borili u
dobroj bitci vjere.

Isus želi da njegovi ljudi budu ujedinjeni i predani jedni drugima dok
zajedno živimo u zajednici. Sakupljamo se tjedno za bogoslužje i sastajemo
se u biblijskim studijama ili u malim grupama kako bismo izgradili jedan
drugoga. Moramo upoznati druge vjernike i pozvati ih da nas također
upoznaju. Moramo se naučiti pozdravljati jedni druge u našim domovima,
opustiti se i igrati zajedno, i činiti sve što možemo kako bismo se
međusobno ohrabrili dok slijedimo Krista. Kao vjernici, pozvani smo živjeti
kršćanski život, izgrađujući jedni druge korištenjem naših darova, naše
ljubavi, naših prijateljstva i našeg ponašanja.

Štoviše, moramo biti oprezni kako bismo jedan drugoga izazvali ljubavlju
i dobrim djelima, te odbaciti one zle stvari s kojima smo se prije povezivali
prije nego što smo postali jedno od Božjeg naroda vjerom u Krista.

Dok smo svi mi stalno u iskušenju da činimo zlo, u duhovnom životu
ili kršćanskoj zajednici nema mjesta za stvari koje su povezane sa
svjetovnošću, poput onih što apostoli spominju u pismima kršćanima - kao
što su seksualni nemoral, nečistoća, požuda, zle želje i pohlepa.

Doista, moramo se osloboditi onih stvari koje ne izgrađuju (tj. onih stvari
koje ruše naš duhovni hod), stvari poput ljutnje, bijesa, zlobe, klevete i
prljavog jezika. Kao što smo naučili u našoj posljednjoj lekciji, doista smo
postali Božji sveci i pozvani smo biti Kristovi ambasadori kamo god idemo.

Sada živimo da bismo izgradili druge, ne uništili ih i odvratili od njihove ljubavi prema Isusu.

Umjesto toga, pozvani smo izgrađivati jedni druge dok se molimo jedni za druge, izazivati i poticati jedni druge u crkvi, slijedeći naše duhovne vođe dok nas vode kroz njihovo učenje i primjer. Kao Božji izabrani narod nastojimo voljeti jedni druge i nastojati njegovati nove načine življenja i razmišljanja, učiti kako živjeti sa suosjećanjem, ljubaznošću, poniznošću, blagošću i strpljenjem. Iznad svega, naša ljubav prema drugima mora karakterizirati naše međusobne odnose. Čineći to, doći ćemo do toga da ugodimo Kristu u svemu.

Pouka koju tražimo
Lekcija 6 proučavanje Biblije

Pročitajte sljedeća Pisma i ukratko odgovorite na pitanja povezana s svakim biblijskim učenjem.

1. *Priča o Bogu uključuje djelo Oca, Sina i Duha Svetoga, kao što je rečeno u Bibliji, u Svetom pismu. Kao vjernici u Krista, mi smo ljudi te Priče - razmišljamo o tome u našoj "teologiji", pjevamo i propovijedamo o tome na našem bogoslužju, formiramo ga u našem učeništvu i govorimo drugima o tome u našem svjedočenju.* Pročitajte sljedeća Pisma, pogledajte Dodatak "Priča o Bogu: Naši sveti korijeni" i odgovorite na pitanja koja se odnose na svaki tekst u nastavku.

   Naša objektivna utemeljenost: Suverena Božja ljubav

   a. Ivan 3:15-18. Koju ulogu je Otac imao u priči o spasenju i spašavanju stvorenja?

   b. 2 Kor. 5:18-21. Kakvu je ulogu Isus imao u našoj priči o spasenju?

   c. Ef. 1:13-14. Koju ulogu ima Duh u pomaganju da primijenimo Božju priču?

   d. 2. Timoteju 3:15-17. Kako nam Pismo pomaže da shvatimo Božju priču?

   Naš Subjektivni Odgovor: Spasenje po milosti kroz vjeru

   e. Rim. 10:9-10. Kako mi kao vjernici, Crkva, najprije odgovaramo na Priču?

   f. 1 Pet. 2:8-9. Koji je cilj našeg štovanja - što je naša primarna svrha u Kristu?

g. Kol. 2:6-10. Kako nas formira Priča - na koga ili na što se fokusiramo?

h. Mat. 28:18-20. Kakvu je zapovijed Krist dao Crkvi dok živi u svijetu?

2. Uz punu sigurnost vjere u Gospodina Isusa Krista i našu pouzdanu nadu u oproštenje u Božjoj priči, trebamo pronaći praktične načine poticanja i izgradnje drugih vjernika. Pročitajte Hebrejima 10:19-25. Popuni praznine:

   a. Trebali bismo razmotriti kako potaknuti jedan drugog _____ _____ (st. 24)

   b. Ne smijemo zanemariti _____ kao što je navika nekih (r. 25)

   c. Trebali bismo _____ i još više što se približava dan (v.25).

3. Nakon što smo spašeni Kristovom milošću, mi smo u novoj priči koja nam daje novi identitet i očekujemo novu sudbinu. Stoga vjernici ne bi trebali više oponašati način života onih koji ne poznaju Gospodina, već se trebaju ponašati kao oni koje je Krist otkupio. Pročitajte 1. Petrova 4:11-11 i napišite četiri upozorenja koja Petar daje vjernicima da čine kao Božji izabrani narod.

   a.

   b.

   c.

   d.

4. *Način na koji se odnosimo prema drugim vjernicima treba odražavati isti stav poniznosti koji je Krist pokazao u postizanju spasenja za nas.* Pročitajte Filipljanima 2:1-11. Što Pavao kaže da bi trebao biti naš stav?

5. Nova zapovijed koju je Krist dao svojim učenicima jest da jedni druge volimo, žrtvujemo jedan za drugoga. Pročitajte 1. Ivanovu 3,11-18. Uskladite frazu s odgovarajućom istinom.

a. To je poruka koju ste čuli   ___ trebali bismo voljeti jedni druge

b. Nemojte se iznenaditi   ___ jer je Isus položio svoj život za nas

c. Znamo da smo prešli iz smrti u život   ___ nego u djelu i istini

d. Po tome znamo što je ljubav   ___ jer volimo svoju braću

e. Tko ne ostane u ljubavi   ___ ako vas svijet mrzi

f. Nemojmo voljeti riječju ili razgovorima   ___ ostaje u smrti

6. Sada kada pripadamo Kristu i živimo u njegovoj Priči, moramo živjeti dostojno spasenja koje nam je dao, znajući da smo ujedinjeni u jednom tijelu i jednom Duhu. Pročitajte Efežanima 4:1-6. Navedite tri kvalitete koje trebamo imati kako bismo živjeli na način dostojan poziva koji smo primili.

a.

b.

c.

7. Kao ljudi iz Priče Božje, vjernici trebaju biti oprezni kako žive, slijediti Duha Svetoga i graditi jedni druge u obožavanju i zahvaljivanju Bogu kroz Krista. Pročitajte Efežanima 5,15-21 i uskladite naredbu s opisom.

a. Pažljivo gledajte kako hodate   ___ Gospodinom sa svojim srcem

b. Obraćajući se jedni drugima   ___U Bogu Ocu u Kristovo ime

c. Pjevanje i stvaranje melodije   ___ ne kao nemudri nego kao mudri

d. Zahvaljujemo uvijek   ___ psalmima himnama i duhovnim pjesmama

e. Nemojte biti ludi   ___ već shvatite što je volja Gospodinova

8. Bog je dodijelio pobožnim vođama da paze na duše vjernika u crkvi, one koji su zaduženi da nas podučavaju i vode u bogatstvo Priče i u zajedništvo s drugim vjernicima. Uskladite sljedeća Pisma s točnim odgovorom.

a. Poslanici Hebrejima 13:7   ___ Slušajte svoje vođe i s poštovanjem im se pokoravajte

b. Poslanica Hebrejima 13:17   ___ Promatrajte život vaših vođa i oponašajte ih

c. 1 Sol. 5:12-13   ___ Poštujte svoje vođe, one koji vas opominju u Bogu

9. Neprijatelj laže o našoj dostatnosti u Kristu, sugerirajući da Bog nešto zadržava od nas. Ali Božja Riječ potvrđuje da imamo sve što nam treba za život i pobožnost.

a. Pročitajte Postanak 3:1-7. Kakvu je laž zmija rekla Evi koja ju je navela da vjeruje da joj je Bog uskračivao?

b. Pročitajte 2. Petrova 1:3. Ispunite praznine: Kroz njegov _____ on nam je dao _____ treba nam _____ _____.

Vrlo je važno da se družimo s drugima koji hodaju na pravi način - ne samo onima koji su sa nama na putu, već i onima koji su otišli dalje nego mi. Oni koji su se približili Bogu imaju sposobnost da nas približe, jer nas na neki način vode s njima.

Tereza Avilska.
Richard J. Foster i James Bryan Smith, Eds.
Klasična pobožnost: revidirano izdanje:
Odabrana čitanja za pojedince i grupe.
Renovare, Inc. (HarperCollins Publishers), New York. 1993, str. 165.

Sažetak Bog želi da se svaki vjernik u Kristu uzdigne (izgradi), da se razvije u zrelosti u Kristu i da nauči što znači izgraditi druge. Isus želi da odrastemo u svojoj vjeri kroz naše sudjelovanje u lokalnoj crkvi, zajednici vjernika. Naređeno nam je da učimo pod primjerom i učenjem pobožnih pastora i da živimo zajedno s drugim kršćanima u pokornosti u ljubavi jedni prema drugima kako bismo se borili u dobroj bitci vjere.

Jedina Božja metoda za ovaj način rasta je njegova ljubljena, kršćanska zajednica - mjesna (lokalna) crkva. Mi sada igramo svoju ulogu u Božjoj priči! Svima nama su dani duhovni darovi koje moramo njegovati u službi Tijelu, izgrađujući jedni druge dok se okupljamo svaki tjedan kao Kristova bogoslužna zajednica, i dok se zajedno sastajemo na biblijskim studijama ili u malim grupama. Bog nam kaže da ljubimo jedni druge kao što je Krist ljubio nas. To je nešto što čimo zajedno, jer nas vodi Duh Sveti i pastori (pastiri) koje Bog daje da nas vode i nahrane. Moramo nastojati biti prijatelji s drugim vjernicima, primati ih u naše živote i naše domove, te se opustiti i igrati zajedno. Mi smo obitelj i moramo se naučiti povezati kao članovi zajedno.

Nadalje, također smo pozvani izazivati jedni druge da volimo i prakticiramo dobra djela, te odbaciti one zle stvari s kojima smo se prije povezivali prije nego što smo postali jedno od Božjeg naroda vjerom u Krista. Borimo se samo za dobru bitku kada se borimo zajedno s drugim kršćanskim vojnicima, u zdravoj kršćanskoj zajednici, pod vodstvom pobožnih vođa koji nas opominju i ohrabruju kroz njihov primjer i Božju riječ.

Dodatci

Prilozi koje biste trebali proučiti i razmisliti o, koji su relevantni za ovu lekciju su sljedeći:

Naša Deklaracija o ovisnosti: Sloboda u Kristu (Dod. 9)
Uspjeti predstaviti: Umnožavanje učenika Božjeg kraljevstva (Dod. 20)
Faktor Oikos (Dod. 10)

Ključni princip

Moja zapovijed je sljedeća: Ljubite jedni druge kao što sam ja vas ljubio (Ivan 13:34).

Proučavanje primjera

Pročitajte i razmislite o sljedećim slučajevima i konceptima, te dajte odgovore i uvide u njihovo rješavanje, na temelju tekstova koje ste prethodno proučavali.

1. **"Koje duhovne darove imam i kako ih mogu koristiti?"** Biblija kaže da se svakom kršćaninu daju duhovni darovi koji mu omogućuju da poučava (izgrađuje) druge u kršćanskoj zajednici (Rimljanima 12:3-8). 1 Korinćanima 12:4-11, Ef 4:9-15, 1 Pet 4:10-11). Ovi darovi trebaju se koristiti u tijelu vjernika, dok su u interakciji, žive zajedno, bave se službom i rastu zajedno pod pastorskom brigom. Zašto je uvijek važnije

služiti i brinuti se za druge, nego prepirati i raspravljati o tome što bi naš poseban dar mogao biti?

2. **"Zašto bih se pridružila crkvi kao član kad se dobro osjećam samo pohađati službu svaki tjedan?"** U raspravi o ulozi lokalne crkve u učeništvu i izgradnji (poučavanju) drugih kršćana, jedna nova vjernica počela je raspravljati o vlastitom iskustvu s uključivanjem u crkvu. Volim pohađati crkvu u koju sada idem. Volim obožavanje i propovijedanje pastora, njihove su usluge kratke i slatke. Iskreno, zapravo nisam razmišljala o pridruživanju crkvi, kao član, mislim. Znam druge koji samo prisustvuju nedjeljnoj službi i ne idu u male grupe ili na druge događaje. Sviđa mi se to. Zašto bih se trebala pridružiti crkvi kada se dobro osjećam ići tjedno? "Na temelju onoga što ste naučili u ovoj studiji, što biste rekli ovoj sestri u Gospodinu o nužnosti da bude dublji dio crkve nego da samo ide na bogoslužja u nedjelju ujutro?

3. **"Stvaranje prijateljstava ne ide lako s kršćanima"**. Jedna od poteškoća s kojom se mnogi ljudi susreću u pohađanju crkve je nedostatak ličnih prijateljstava. Zaista je iznenađujuće koliko je ljudi aktivno u svojim lokalnim crkvama, ali nemaju niti jednog intimnog prijatelja unutar članstva. Za početak, prijateljstvo je važno, ali košta. Ako želite imati prijatelje, morate biti otvoreni za odnose s ljudima u ljubavi (Izreke 17:17), biti voljni biti upoznati i razumjeti (Ivan 15:13-14), i biti otvoreni za primanje inputa, čak i kritike, na stvari koje možda trebate ispraviti (Izreka 27:6). Prijatelji pružaju toplinu i savjet koji nam je potreban za rast u Kristu (Izreka 27:9). Korištenje duhovnih darova među sobom može biti poput oštrenja noža: na isti način jedan komad željeza izoštrava još jedan komad željeza, tako da jedna osoba može izoštriti drugu (Izreka 27:17). S obzirom na ove istine, što je trenutno najvažnije za vas da učinite, ako želite oblikovati snažne, smislene odnose s drugima u vašoj lokalnoj crkvi?

Povezanost

Isus želi da rastemo kao učenici i da se borimo za dobru bitku vjere duhovnog ratovanja, ne sami, već s drugim vjernicima, zajedno u zajednici. Ako niste redovito pohađali crkvu, odmah se obavežite da postanete članom zajednice. Potražite zrele vjernike koji se svaki tjedan okupljaju s drugima za bogoslužje, a zatim se obavežite ići. Raspitajte se o njihovim grupama i počnite pohađati razred nedjeljne škole i / ili malu grupu, proučavanje Biblije. Nemojte se obeshrabriti, nego odlučite da ćete biti strpljivi dok upoznajete druge vjernike, koristite svoje darove da ih izgradite i učite od njih.

Također, potrudite se upoznati svoje pastore (ili vođe, ili starješine, kako god oni mogu biti imenovani u vašoj crkvi). Neka znaju da prisustvujete crkvi i molite se za njih. Pitajte za posjet i podijelite s njima tko ste. Pomozi svojim vođama da te vode bolje: Poslušaj zapovijedi koje ti daju vođe i pazi im da se pokoriš, jer su zaduženi za čuvanje tvoje duše, kao što pastir bdi nad svojim ovcama, i oni će morati dajte račun Bogu za ono što su učinili u vezi s tim. Neka vaše vođe ispune ovaj poziv za vas s radošću, a ne uzdišući zbog vaših odgovora, jer to vam ne bi donijelo nikakvu korist (Hebrejima 13:17). Odlučite se biti snažan vjernik u zajednici s drugima. Bog će vam dati milost dok budete zajedno s njima koračali u snažan kršćanski život.

Potvrda

Budući da je Isus zapovjedio svojim učenicima da ljube jedni druge, obvezujem se na život u crkvenoj zajednici, podnošenje i opraštanje jedni drugima.

Biblijsko kršćanstvo je po Božjem planu univerzalno po prirodi; može preuzeti na sebe identitet bilo koje kulture. Tu univerzalnost evanđelja vidimo u Djelima apostolskim. Dan Pedesetnice, kada se evanđelje propovijedalo na svakom jeziku svijeta, jasan je dokaz da kršćansko evanđelje nije vezano za određenu kulturu ili jezik. Vidimo njegovu univerzalnost kako je bila priopćena i apsorbirana u židovskim i grčkim kulturama u prvom stoljeću. Poziv Crkve bio je prodrijeti u svaku naciju, svaku kulturu, s porukom spasenja, kako bi se svi narodi mogli podrediti Bogu u svojoj etničkoj pripadnosti. Dakle, u kršćanstvu, ako ne obožavam Boga u svojoj vlastitoj kulturi, ja nisam u skladu sa svojom vjerom.

~ Carl F. Ellis, Jr.
Više od oslobođenja: Evanđelje u Afro - američkom iskustvu.
Downers Grove, IL: InterVarsity Press, 1983, str. 137.

Molitva

Franjo Asiški (1181. - 1226.) bio je talijanski crkveni vođa i propovjednik. Organizirao je skupinu ljudi posvećenih propovijedanju i životu u siromaštvu za Krista i služenje drugima, nazvanim franjevački red. On je pomagao osnovati druge i redove tijekom svog života. On je jedan od najcjenjenijih kršćana u povijesti.

Molitva posvete, Franjo Asiški

Bože, učini me instrumentom tvog mira.
Gdje je mržnja, neka sijem ljubav,
Gdje je ozljeda, oprost,
Gdje postoji sumnja, vjeru,
Gdje je očaj, nadu,
Gdje je tama, svjetlo,
Tamo gdje je tuga, radost.

O Božanski Učitelju,
dopusti mi da se ne trudim toliko biti utješen kao utješiti,
ne toliko da bi se shvatilo kao razumjeti,
ne toliko da bude voljen, nego da volim;
jer u davanju primamo,
oproštenjem nam je oprošteno,
u umiranju mi se budimo u vječni život.

~ Don L. Davis. Souourner's Quest.
Wichita, KS: Institut za urbanu službu, 2010., str. 95.

Vapaj srca Bogu

Vječni Bože, Bože i Oče moga Gospodina Isusa Krista, hvala ti što ste me smjestio u Kristovo tijelo. Hvala ti što ne moram živjeti svoj kršćanski život sam, bez podrške drugih koji te također vole i koji ti žele ugoditi. Hvala ti na načinu na koji izgrađuješ svoje ljude u mjesnoj crkvi, i što si nam dao vođe i pastore čija nam pouka i primjer pomažu da znamo i učinimo tvoju volju. Daj mi milost da budem strpljiv s drugima, učim od njih i slušam njihove kritike i savjete. Pomozi mi da prevladam svaku tendenciju da se odvojim od njih, da se sakrijem ili da budem odvojen od njih. Trebam ih ako želim da budem ono što ti želiš da budem, daj mi hrabrosti da ustrajem s drugima, i da se uvijek okupljam s njima, nikada ih ne odbacujući niti zanemarujući. Poduči me kroz moje vođe i potakni me i izazovi me kroz vjernike. Čineći to, znam da ću rasti u zrelosti tvog Sina. Hvala ti, Oče, na daru tvojih ljudi. U Isusovo ime molim, amen.

Za dodatno proučavanje

Na www.tumi.org/sacredroots imamo odjeljak posvećen dodatnim pisanim i video resursima.

Don L. Davis. Sveti korijeni: temelj za vraćanje velike tradicije. Wichita, KS: Institut za urbanu misiju, 2010.

Za slijedeću sesiju

U sljedećoj sesiji istražit ćete **Neprijatelja s kojim se borimo** uključujući sljedeće teme:
1. Ne borimo se protiv krvi i mesa.
2. Naš neprijatelj đavao djeluje kroz pali svijet i želje tijela.
3. Naš neprijatelj navodi svoje sluge da koriste zajedničke planove kako bi nas obeshrabrili i odvratili.

Pamćenje stiha

Ivan 13:35

1. Nađite dva zrela kršćana i zamolite ih da podijele svoja iskustva u dobivanju vodstva od Boga kroz savjet drugih u crkvi. Upitajte ih koje su pogreške napravili tako kada nisu tražili savjet od drugih vjernika.

2. Ako to već niste učinili, odlučite u sljedećem mjesecu početi redovito pohađati jednu crkvu, mjesto gdje možete početi družiti se i odlučiti hoće li Bog htjeti da postanete član. Zapamtite, ne možete biti izgrađeni (ili poučavati druge) ako niste u lokalnoj crkvi, pod vlašću pobožnog pastoralnog vodstva.

3. Izradite popis područja u kojima trebate vodstvo. Molite se svakodnevno tjedan dana da vas Bog vodi u tim područjima, da vam govori kroz njegovu Riječ i kroz druge vjernike.

4. Potražite dva zrela vjernika s kojima ćete podijeliti svoj popis i pitati ih za njihov savjet.

NEPRIJATELJ S KOJIM SE BORIMO
Hod u pobjedi protiv neprijatelja Božjeg

> Činjenica je da se ne borimo u borbi protiv drugih ljudskih bića, protiv krvi i mesa. Umjesto toga, ratujemo protiv vladara, protiv vlasti, protiv kozmičkih moćnika u ovom sadašnjem dobu tame, i borimo se intenzivno protiv duhovnih sila zla koje borave na nebeskim mjestima.
>
> Pavao Efežanima (Ef 6:12)

Ciljevi

Do kraja ove sesije, trebate prihvatiti stvarnost Neprijatelja s kojim se borimo vjerujući da:

- Svemir je u duhovnom ratu, đavo i kraljevstvo tame je nasuprot Gospodinu Isusu Kristu i Kraljevstvu svjetla: "ne borimo se protiv mesa i krvi".
- Krist je ostvario pobjedu nad našim neprijateljem, đavlom, koji i dalje nastavlja djelovati prevarom u ovom palom svijetu i našoj staroj grešnoj prirodi, tj. "Željama tijela".
- Možemo nadvladati našeg neprijatelja ako priznajemo Isusovu pobjedu nad grijehom na križu, budemo oprezni s đavlovim pokušajem da nas prevari i držimo se Božjeg obećanja kako bismo stajali na čvrsto protiv našeg neprijatelja.

Uvodna molitva za mudrost

Vječni Bože, Oče moj, u svojoj Riječi govoriš da si ti izvor sveg znanja i mudrosti. To priznajem kao istinu, dragi Oče, i molim da mi daš božansku mudrost, da bih mogao ispravno podijeliti Riječ istine (2 Timoteju 2:15). Molim te da me poučiš i podučiš na način na koji bih trebao ići (Ps 32:8) i usmjeriti moje korake. Priklonite moje uho da čujete tvoj glas, a sada me ispravite na način na koji mislim i govorim, i vodite me ako sam zalutao.

Oče, podari mi dar razlučivanja i osposobi me dok učim znati razliku između pobožnih i bezbožnih učenja, duhova i darova. Pokažite mi po Duhu Svetom što je tvoj volja i daj mi uvid u to kako mogu izvršiti tvoje nakane cijelim svojim srcem.

Dragi Bože, molim te pomozi mi da budem brz da čujem i slušam, sporo da govorim i spor da se ljutim (Jakov 1:19). Riječi mojih usta i misli moga srca neka ti budu ugodne. Dopusti mi da govorim tvoju istinu s mudrošću da bi svi s kojima govorim mogli razumjeti i imati koristi od tvoje istine.

Pouči me sada u ovoj studiji dok primam tvoju riječ i pouku. Te stvari tražim u snažnom imenu Isusa, mog Gospodina i Spasitelja, Amen.

Kontakt

1. **"Ti ljudi ne pripadaju Bogu - nisu li ti ljudi neprijatelji Gospodnji?"** U svijetu u kojem su vjerski ratovi i nasilje posvuda, lako je na prvi pogled pomisliti da je naša borba protiv ljudskih bića. Širom svijeta ljudi koji tvrde da znaju Boga ubijaju druge za koje smatraju da su heretici ili zli. Da potvrdimo, ljudska bića u svijetu rade užasne stvari, od bezobzirnog nasilja do okrutne ravnodušnosti. Ali, prema Bibliji, naša borba nije protiv krvi i mesa (ljudskih bića), nego protiv duhovnih sila koje rade kroz ljude kako bi činile strašne stvari Božjem stvorenju. Zašto bi ova istina bila važna za razumijevanje i za primjenu novom kršćaninu?

2. **"Đavolje ne tajnovito tajno oružje."** Biblija jasno kaže da đavolje ratovanje nije slično onome što Hollywood voli prikazivati u horor filmovima - groteskne, monstruozne figure koje progone nedužne, ranjive ljude u mračnim ulicama i sablasnim kućama. U srži, đavolje najučinkovitije oružje su laži; uglađeni argumenti koji izgledaju bezazleni, uvjerljivi i čak pouzdani. Te laži sugeriraju da Bog ne postoji, da je duhovnost izmišljena, i da sama znanost može spasiti čovječanstvo od njegovog stanja. Ispostavilo se da tajno oružje našeg neprijatelja uopće nije tajnovito. Jednostavno rečeno, đavao je lažac i otac laži. Što mislite, zašto je đavao izabrao laži i prijevaru kao svoje glavno oružje u našem društvu, koje je toliko usmjereno na znanstvene dokaze i tehnološka otkrića?

3. **"Premda imate pobjedu, morate se boriti za nju."** Jedna od stvari koje su apostoli istaknuli u svom poučavanju jest da moramo odigrati svoju ulogu u Božjoj priči. Jednostavno rečeno, iako je Bog pobijedio našeg neprijatelja, đavla, moramo se i možemo oduprijeti. Iako je Isus pobijedio za nas na križu, pobjeda nije automatska. Iako nas je Bog oslobodio prolivenom krvlju Isusa Krista, sada moramo primijeniti tu pobjedu potvrđujući istinu i odbacujući laži. Kad to činimo, biti ćemo promijenjeni i transformirani u našem ponašanju, odnosima i stavovima. Ova pobjeda je naša, ali ona se mora boriti, braniti i primjenjivati u svakom trenutku svakog dana. Bog upućuje vjernike da mu se podvrgnu, da se odupru đavlu i tek tada će neprijatelj pobjeći od nas. Što mislite, zašto bi Gospodin htio da primimo našu pobjedu tek nakon što smo se borili protiv neprijatelja, oduprli se njegovim pokušajima da nas povrijedi, prevari i pobijedi?

Sadržaj

U posljednjoj sesiji (**Pouka koju tražimo**) naučili ste da se moramo voljeti jedni druge i podvrgavati se jedni drugima u lokalnoj crkvi. Sada ćete saznati više o neprijatelju s kojim se suočavamo u dobroj bitci vjere.

Zbog Sotone svemir je u ratu, a mi smo borci u ovom ratu. Neutralnost nije moguća. Naš protivnik đavao vodi mnoštvo duhovnih bića koja su pametna i opasna. Oni koriste palu prirodu svijeta i želje našeg vlastitog tijela da se odupru Božjem djelu, tako da moramo biti na oprezu protiv njegovih planova. Također moramo shvatiti da nijedan čovjek nije naš neprijatelj. Iako doživljavamo duhovnu opasnost na svakom koraku, Bog je s nama i pomaže nam da se borimo u dobroj bitci vjere, unatoč naporima neprijatelja.

Iako je Isus osvojio pobjedu nad đavlom za sve kršćane, još uvijek moramo zauzeti stav u borbi protiv neprijatelja, biti samokontrolirani i budni. Moramo biti budni i oprezni, jer naš protivnik (đavo) stalno traži priliku da nam naudi, da nas napadne i da nas uništi. Lažima i optužbama nastoji uništiti, obeshrabriti i progutati vjernike, kako bi nas duhovno porazio dok slijedimo Krista.

Moramo, dakle, naučiti kako se učinkovito suprostaviti đavlu, da mu se odupremo. Moramo se braniti od njegovih napada, govoriti sebi istinu, pazeći da u potpunosti ovisimo o Kristu. Moramo hoditi u snazi Duha Svetoga i čvrsto stajati u istinama naše vjere. Zapamtite, također, da nikada nismo sami u ovoj borbi; i drugi kršćani razasuti po cijelom svijetu također pate u svom ratu.

Možemo biti sigurni da, iako je bitka žestoka, stalna i svakodnevna, na kraju, Božja milost će pružiti konačnu pobjedu. Naša patnja će trajati samo malo, ali slava koju ćemo iskusiti u Kristu bit će vječna. Sam Bog će nas obnoviti, ojačati, pomoći nam da stojimo čvrsto i držimo se postojanim do kraja borbe!

Iako smo vi i ja izašli iz kraljevstva tame u kraljevstvo Božjeg dragog Sina, još uvijek smo okruženi kulturom koju kontrolira Božji veliki neprijatelj, Sotona. Moramo živjeti u njoj od trenutka kada prihvatimo Krista kao našeg Spasitelja do konačnog suda. Mi smo također napadnuti od onog koji je nekoć bio naš kralj, ali je sada naš neprijatelj. Jednostavno je glupo za kršćanina da ne očekuje duhovno ratovanje dok živi na neprijateljskom teritoriju.

~ Francis Schaeffer.
Cjelokupna djela Francisa Schaeffera
Svezak 2: Jošua i tijek biblijske povijesti.
Westchester, IL: Crossway Books, 1975, str.

Neprijatelj s kojim se borimo
Lekcija 7 Proučavanje Biblije
*Pročitajte sljedeće odlomke Pisma i ukratko odgovorite na pitanja povezana
s svakim biblijskim učenjem.*

1. Đavao se od početka suprotstavlja Božjoj volji i Kraljevstvu, i Bog je
   odlučio da će ovu pobunu zaustaviti Spasitelj koji će doći. Uskladite
   sljedeća pisma s njihovim ispravnim frazama:

   a. Postanak 3:1-15 ___ Cijeli svijet je pod đavolskom kontrolom

   b. Iz. 14:12-17 ___ Đavao je stvoren savršen, ali se pobunio
   protiv Boga

   c. Ez. 28:12-17 ___ Đavao je odlučio učiniti sebe kao Gospodina

   d. 1 Ivan 3:8-10 ___ Isus je došao na zemlju da uništi đavolska djela

   e. Otk.12:7-11 ___ On se zove Sotona, varalica cijelog svijeta

   f. 1 Ivanova 5:19 ___ Đavo je lagao prvom ljudskom paru,
   uzrokujući Pad

   g. 2 Kor. 2:11 ___ Đavo koristi uobičajene taktike tako da
   budemo svjesni njegovih planova

2. Isus je došao pobijediti, poraziti i uništiti djela đavla - kako bi oslobodio
   čovječanstvo od prokletstva koje je na njega došlo neposlušnošću Bogu.
   Pročitajte Luku 11:14-23 i odgovorite na sljedeća pitanja:

   a. Kada Isus istjeruje demone, za što su ljudi optuživali Isusa da čini?

   b. Kako je Isus odgovorio na optužbu da je silom zloduha, Beelzebula,
   istjerivao zle duhove?

   c. Isus je ilustrirao potrebu da se prvo "jak čovjek" nadvlada kako bi
   njegova dobra bila uzeta. Objasnite značenje ove izjave.

3. Đavao koristi laži, optužbe i obmane kao oružje da prevari, naudi i
   obeshrabri vjernike dok predstavljaju Krista u svijetu. Uskladite sljedeća
   Pisma s njihovim pravilnim opisom.

    a. Ivan 10:1-18   ___ Isus je dobri pastir, a neprijatelj dolazi da krade, ubija i uništava ovce

    b. Ivan 8:31-44   ___ đavao je lažac i otac laži

    c. Otk. 12:9-10   ___ Đavao optužuje kršćane pred Božjim prijestoljem

    d. Kol.2:15   ___ Isus je pobijedio đavla na križu i razotkrio ga

4. Vjernici trebaju biti trijezni, budni i svjesni, jer iako je đavao poražen, on traži one koje može proždrijeti. Pročitajte 1 Petra 5:8-11 i ispunite praznine.

    a. Moramo biti _____ i _____ za đavolje djelovanje (r. 8).

    b. Đavao obilazi okolo kao _____, tražeći nekog _____ (v.8).

    c. Pozvani smo u _____ u vjeri, znajući da istu vrstu _____ doživljavaju naša braća i sestre širom svijeta (r. 9).

    d. Kada smo podnijeli borbu, Bog će i sam 1) _____, 2) _____, 3) _____ i 4) _____ nas u našoj vjeri (r. 10).

5. Ne smijemo voljeti svijet ili stvari u svijetu; činiti to znači odbaciti Očevu ljubav za nas. Pročitajte 1. Ivanovu 2:15-17 i odgovorite na sljedeća pitanja.

    a. Istina ili laž. Ako netko voli ovaj svijet, Očeva ljubav počiva i vlada u toj osobi.

    b. Koje tri stvari dolaze iz svijeta, a nisu od Oca?

        i. Želje _____

        ii. _____ od očiju

        iii. _____ u posjedu

    c. Što Ivan kaže o stanju svijeta? Što on govori o osobi koja vrši Božju volju?

6. Duh Sveti u nama će nam dati moć da živimo za Boga i da izbjegnemo zamke naše stare prirode i kušnji svijeta. On nam omogućuje da živimo pobjednički u Kristu. Pročitajte Rimljanima 8:1-17. Popuni praznine:

   a. Nema osude za one koji su _____ (r. 1).

   b. Niste u _____ nego u _____ _____ (st. 9).

   c. Mi smo dužnici, ali ne tijelu, nego _____ _____ (r. 12).

   d. Niste primili duha _____, nego Duha posvojenja kao _____ (r. 15).

7. Nije svaka tvrdnja koju čujemo o Isusu ili njegovu djelu istinita. Moramo, dakle, ispitati duhove, jer veći je Onaj koji prebiva u nama. Pročitajte 1. Ivanovu 4:1-6.

   a. Kako možete testirati duhove, tj. Kako možete prepoznati Božjeg Duha? (stihovi 1-3)

   b. Duh Sveti (Onaj koji je u vama) veći je od onog koji je u _____ _____ (v.4).

8. Ne smijemo biti iznenađeni ili preplavljeni kada nas drugi pogrešno shvaćaju, odbacuju ili čak mrze zbog naše vjere. Mi slijedimo stope Isusa, koji je iskusio te iste stvari. Pročitajte sljedeće odlomke Pisma i odgovorite na pitanja.

   a. Pročitajte Ivan 15:18-21. Zašto nas svijet mrzi?

   b. Pročitajte 1. Ivanova 3:11-15. Zašto da ne budemo iznenađeni ako nas svijet mrzi?

   c. Pročitajte Jakov 4:1-7. Što moramo učiniti da bi đavao (onaj koji kontrolira svijet) pobjegao od nas?

Sažetak Prema Svetom pismu, đavao i prvi ljudski par pobunili su se protiv vlasti i vladavine Božje, a njihova pobuna potisnula je svemir u rat. Od pada čovječanstva u Edenskom vrtu, Bog je odlučio poraziti đavla i svu pobunu u svom stvorenju slanjem svoga Sina u to isto stvorenje. Isus je ušao u naš svijet - poraziti đavla, platiti dug za naš grijeh i obnoviti puninu Kraljevstva Božjega. Hvala Bogu, zbog djela Isusa iz Nazareta, u ovom svijetu, đavao je poražen, i došlo je Kraljevstvo Božje i ponuđeno je svima koji vjeruju!

Sada kada smo povjerovali u Krista, izbavljeni smo iz kraljevstva tame i prevedeni u Kraljevstvo njegovog dragog Sina (Kol 1:13). Sada smo se pridružili bitci; mi smo borci u ovom ratu. Pozvani smo da zastupamo našeg Gospodina, Pobjednika nad silama zla koje su naškodile Božjem stvorenju. U ovom ratu nitko ne može ostati neutralan. Naš protivnik, đavao vodi i usmjerava duhovna bića koja nastoje uništiti živote naroda lukavo i prevarom. Ovaj pali svjetski sustav radi zajedno s našim unutarnjim željama da potkopamo Božju volju u našim životima. Pozvani smo da budemo trijezni i budni, svjesni đavoljih nastojanja da nam se suprotstavi i da nas povrijedi. Možemo mu se oduprijeti snagom Duha, dok se držimo istine Božje riječi, odbacujući njegove laži dok one dolaze k nama. Bog će nas ojačati dok se borimo u dobroj bitci vjere!

Centralnost Krista u cijeloj povijesti i značenju ljudskog postojanja poziva nas u Isusa Krista, kroz kojeg čitamo cijelu Bibliju od početka do kraja. Kao pastiri Riječi, postoji snažna potreba da se uronimo u priču o trojednom Bogu s njegovim detaljnim izlaganjem o središnjoj Kristovoj ulozi u najvećoj drami ljudske povijesti - drami Boga koji postaje jedan od nas da spasi svijet. Ova tema Božjega spašavanja svih nas - ne inspirativnih tema, motivacijskih govornika ili masovnih terapijskih propovijedi - treba se vratiti kao središnja poruka naše crkve. To nije samo apostolski način čitanja i propovijedanja Svetog pisma, nego je i put drevnih otaca i, u većini slučajeva, crkava koje obožavaju na drevni – budući način.

~ Robert E. Webber.
Drevno – buduće bogoštovlje: Proglašavanje i provođenje Božje priče.
Grand Rapids, MI: Baker Books, 2008, str. 121

Dodatci

Prilozi koje biste trebali proučiti i razmisliti o, koji su relevantn za ovu lekciju su sljedeći:

Teologija Christus Victor-a (Dod. 11)
Christus Victor: Integrirana vizija za kršćanski život i svjedočenje (Dod. 12)
Isus iz Nazareta: Prisutnost budućnosti (Dod. 4)
Isus Krist, predmet i tema Biblije (Dod. 22)
Neka Bog ustane! Sedam "A" traženja Gospodina i poticanja na njegovu
    (Dod. 23)

Ključni princip	**Nemojte se iznenaditi bolnim iskušenjima koje patite, kao da se dogodilo nešto čudno** (1. Petrova 4:12).
Proučavanje primjera	Pročitajte i razmislite o sljedećim slučajevima i konceptima, te dajte odgovore i uvide u njihovo rješavanje, na temelju tekstova koje ste prethodno proučavali.

1. **"Pokušavam shvatiti što znači 'čvrsto stajati u vjeri', ali nisam sigurna da razumijem. "** Nakon divnog proučavanja Biblije s prijateljima, mlada kršćanka meditirala je o značenju 1 Petrove 5:8-9: *Svi budite trijezni i samodisciplinirani, uvijek oprezni i budni u svako doba. Vaš zakleti neprijatelj, sam vrag, luta naokolo, vrebajući kršćane poput ričućeg gladnog lava koji hvata svoj plijen, nadajući se da može pojesti neku ranjivu životinju. Morate se oduprijeti đavlu, ostati čvrsti i utemeljeni u svojoj vjeri. I trebali biste znati da ove iste patnje kroz koju prolazite doživljavaju i vjernici posvuda, diljem svijeta.* Pokušavala je shvatiti što znači biti čvrst u tvojoj vjeri. U studiji koju je čula vođa je rekao da je riječ "oduprijeti" ovdje u ovom tekstu je grčki pojam antistete, isti onaj koji se koristi u Efežanima 6:11-13 i Jakovu 41.7. To znači ostati vjeran, vjerovati u Božju Riječ, čak i ako se čini da stvari idu suprotno onome što vi mislite. Borila se s teškim pitanjima. - Znači li to da ne mogu ili ne smijem sumnjati? Što ako me obeshrabre? Što ako se pokliznem i padnem - mogu li se vratiti gore? "Kako biste savjetovali ovu mladu sestru da razumije taj koncept?

2. **"Zašto bi Bog dopustio da nas đavao i dalje maltretira i ranjava, čak i nakon što je naš Gospodin Isus već za nas osvojio pobjedu?"** Jedna od zagonetnijih ideja za nove vjernike je da shvate zašto je potrebno da vjernici stoje čvrsto u svojoj vjeri protiv neprijatelja, ako je Isus pobijedio. Isus je sigurno pobijedio đavla na križu (Kol. 2:15), a vjernici su ga pobijedili krvlju Jaganjca i riječju svoga svjedočanstva, ne ljubeći vlastite život do smrti (Otkrivenje 12:9-10). Zašto se onda još uvijek moraju boriti? Zašto Bog dopušta đavlu da se bori protiv njegovog naroda, čak i nakon što je Isus uništio njegova djela u svom prvom dolasku (1. Ivanova 3:8)? (Savjet: Isus je rekao da sluga nije veći od svoga gospodara, usp. Ivan 13:16.)

3. **Nitko ne može razumjeti vrstu boli i patnje kroz koje sam prošao. Nitko.** "Kada se suočimo s teškim vremenima, boli ili gubitkom, često smo u iskušenju da pomislimo da nitko drugi nije prošao testove ili iskušenja slična našima. Priroda boli i gubitka je intimna i osobna; naše povrede i borbe mogu biti tako žestoke da smo skloni misliti da nitko drugi nije osjetio način na koji to doživljavamo, da nitko ne bi mogao razumjeti razinu povrijeđenosti, obeshrabrenja i očaja s kojima se suočavamo. Brojni tekstovi u Bibliji sugeriraju da to jednostavno

nije slučaj. Koliko god naša iskušenja bila teška, slična su testovima i kušnjama s kojima se suočavaju drugi vjernici diljem svijeta. Pogledajte što Pavao govori Korinćanima u 1 Korinćanima 10:13 Nijedno vas iskušenje nikada nije preteglo, a koje je jedinstveno samo vama, ono što drugi nisu iskusili. Ali znajte ovo: naš je Bog vjeran - on je pouzdan, i nikada vam neće dopustiti da budete iskušani iznad vaše sposobnosti da se oduprete tom testu. On će vam, uz svaku kušnju, uvijek pružiti dostatan način izlaza, način na koji ćete ga moći izdržati, a da se ne prepustite njegovoj moći. Kako nam naše razumijevanje ove istine može pomoći da se suočimo s teškim vremenima?

Povezanost

Ali uvijek dajemo svoju srdačnu zahvalnost Bogu koji nam daje pobjedu kao pobjednicima u Gospodinu našem Isusu Kristu (1 Kor. 15:57)! Spašeni smo od sile đavla, izbavljeni iz kraljevstva tame, iskupljeni krvlju Isusa na križu, dobrodošli kao članovi nove vlade, hvaleći se novim autoritetom i Kraljevstvom Božjeg dragog Sina (Kol. 1:13).). Ova je naša velika pobjeda, ali moramo naučiti kako se oduprijeti neprijatelju, pridružiti se dobroj bitci boriti se kao borci u ovom ratu. Razmislite o područjima u kojima ste bili pozvani da predstavljate Christus Victora (naslov koji je dan Isusu, što znači „Krist je pobjeda") - u vašoj obitelji, među vašim prijateljima, u vašem susjedstvu, na vašem poslu, i s onima na koje naiđete. Sada ste Kristov vojnik (2 Tim 2:1-8), i pozvani ste da stojite na zemlji usred konstantnih napada našeg neprijatelja.

Jedna od prvih stvari koju moramo naučiti u ovom ratu je kako uskladiti naš samorazgovor s učenjem Božje riječi. Nismo naišli na okolnosti, nego na misli koje sami sebi kažemo, a koje oblikuju i utječu na ono što osjećamo i kako djelujemo. Sada se moramo naučiti govoriti istinu o ovoj velikoj bitci, o našem identitetu, o Kristovoj pobjedi i o resursima koje nam je Gospodin dao da nam pomognu da dobijemo pobjedu. Budući da misli koje mi sami sebi kažemo (ono što vjerujemo) određuju kako se ponašamo, moramo naučiti potpuno nove navike razgovora sami sa sobom. Moramo naučiti složiti se s Bogom, potvrditi Isusovu pobjedu nad silom zla i vjerovati da kad se pokorimo Bogu i kad se odupremo đavolskim lažima, đavao će pobjeći.

Počnite odmah (danas), da molite Duha Svetoga da vas osvjedoči o lažima u koje ste vjerovali. Odlučite interpretirati svoj život temeljen na istini Božje riječi i vašoj pobjedi u Kristu, a ne prema tome kako stvari izgledaju ili kako se osjećate. Za učenje novih navika misli će trebati vremena, stoga budite strpljivi. Što više potvrđujete istinu i tvrdite da je pobjeda vaša u Isusu, tako ćete biti jači, što će vas učiniti učinkovitijim u duhovnoj borbi. Započnite danas, tražeći od Boga da vam pruži snagu dok stvarate nove stavove, nove navike i nove obrasce razmišljanja. Dok to činite, živjet ćete u pobjedi koju je Isus za vas osvojio, spriječiti obeshrabrenje i emocionalnu uznemirenost, i odrastati u zrelost u vašem kršćanskom životu.

Potvrda

Imam neprijatelja koji me pokušava odvratiti od rada za kraljevstvo, tako da se neću iznenaditi kada dođu kušnje.

Molitva

Anselm iz Canterburyja (1033. - 1109.), rođen je u Francuskoj, kasnije je bio vođa crkve u Engleskoj. On se naziva "osnivač skolastičnosti" zbog svog utjecaja u teologiji. Poznat je kao začetnik "ontološkog argumenta" (objašnjavajući postojanje Boga).

Molitva za poduku, Anselm

O, Bože moj,
Nauči danas moje srce gdje i kako date vidim,
Gdje i kako te pronaći.
Ti si me stvorio i izmijenio,
Ti si mi dao,
Sve dobre stvari koje imam,
I još te ne poznajem.
To još nisam učinio,
Za što sam stvoren.
Nauči me da te tražim,
Ne mogu te tražiti,
Osim ako me ti ne naučiš,
Ili te naći,
Osim ako mi se ne pokažeš.
Tražim te u svojoj želji,
Dopusti mi da te želim u svom traženju.
Dopusti mi da te pronađem ako te volim,
Dopusti mi da te volim kad te pronađem.

~ Don L. Davis. Souourner's Quest.
Wichita, KS: Institut za urbano misiju, 2010, str. 98.

Vapaj srca Bogu

Dragi Nebeski Oče, Bože i Oče Gospodina Isusa Krista, hvala ti na pobjedi koju si dao svojoj djeci nad neprijateljem, đavlom. Tvoja ljubav prema nama dopuštala ti je darovati svog Sina i sada smo izbavljeni iz kraljevstva tame i prešli u Kraljevstvo tvog Sina. Ti si mi oprostio moj grijeh, sklopio mir sa mnom kroz križ i dao mi vječni život u njegovo ime.

Hvala ti, dragi Oče, da sam ja sada tvoje dijete, da me tvoj Duh Sveti vodi i upravlja i da mogu hodati pobjedom u Isusovo ime. Ne uvedi me u napast, nego izbavi me od svakoga zla. Moja jedina želja je da budeš hvaljen i proslavljen u tome tko sam ja i što radim. Daj mi danas milost da ti se svidim, jer ti si jedini dostojan moje hvale. U ime Isusovo te molim, amen.

Za dodatno proučavanje

Na www.tumi.org/sacredroots imamo odjeljak posvećen dodatnim pisanim i video resursima.

Neil T. Anderson. Pobjeda nad Tamom. Bloomington, MN: Izdavač Bethany House, 2013.

Za slijedeću sesiju

U sljedećoj sesiji istražit ćete *Opremu koju koristimo*, uključujući sljedeće teme:
1. Bog nam daje oružje kako bismo mogli zadržati naše tlo.
2. Moramo vjerovati istini i stajati protiv laži.
3. Razvijamo sposobnost borbe kroz praksu duhovnih disciplina.

Pamćenje stiha

Ivan 16:33

Zadatci

1. Postavite cilj pregledati ovaj materijal najmanje tri puta sljedeći tjedan. Prakticirajte si istinu u obliku govorenja jednostavnih istina naglas dok prolazite kroz dan. Na primjer, mogli biste reći: "Hvala ti, nebeski Oče, na svladavanju đavla i njegovih putova u mom životu kroz moju vjeru u Isusa Krista" ili "Ova misao nije od Gospodina. To je laž, i ja to neću prihvatiti. " Stvorit ćete nove navike samopouzdanja dok prakticirate hodanje vjerom tijekom dana.
2. Jedan od načina na koji pobijeđujemo neprijatelja je kroz disciplinu posta. Post je odustajanje od hrane ili neke druge redovite aktivnosti kako bi se posebna pozornost posvetila Bogu i dobroj bitci vjere. Odustani od jednog obroka kako bi molio, učio i razmišljao o Bogu. (Ako su ograničenja zdravlja takva da ne možete preskočiti obrok, umjesto toga odustati od televizijske emisije ili planirane rekreativne aktivnosti.)
3. Zapišite svoje iskustvo posta u svom dnevniku i podijelite ga s zrelim vjernikom u crkvi.
4. Planirajte svoj sljedeći post i stavite ga na svoj raspored.

OPREMA KOJU KORISTIMO
Oblačenje pune Božje bojne opreme

> Zato obucite svu Božju opremu, kako biste se mogli boriti protiv zlih sila u dan zla, čineći sve što možete i čvrsto stojte. Stojte onda, držeći se za pojas istine, nakon što ste stavili naprsnik pravednosti. Kao cipele i zaštitni pokrivač za vaša stopala, stavite na sebe spremnost koju evanđelje mira pruža u borbi. U svemu s čim se suočavate uzmite štit vjere, štit dovoljno jak da ugasite vatru svih vražjih vatrenih strelica. I budite oprezni da uzmete kacigu spasenja i Duhovni mač koji je riječ Božja.
>
> Pavao Efežanima (Ef. 6:13-17)

Ciljevi

Do kraja ove sesije trebate prihvatiti opremu koju koristimo vjerujući da:
- Bog je svakom vjerniku osigurao oklop koji mu je potreban kako bi se odupro neprijatelju i stajao čvrsto kad bude napadnut.
- Istina Svetog pisma (tj. Božje riječi) može nam omogućiti da identificiramo, da se suprotstavimo i zamijenimo istinom laži koje neprijatelj baca protiv nas.
- Duh Sveti razvija našu sposobnost borbe protiv neprijatelja kroz naše prakticiranje duhovnih disciplina.

Uvodna molitva za mudrost

Vječni Bože, Oče moj, u svojoj Riječi govoriš da si ti izvor sveg znanja i mudrosti. To priznajem kao istinu, dragi Oče, i molim da mi daš božansku mudrost, da bih mogao ispravno podijeliti Riječ istine (2 Timoteju 2:15). Molim te da me poučiš i podučiš na način na koji bih trebao ići (Ps 32:8) i usmjeri moje korake. Prikloni moje uho da čuje tvoj glas, a sada me ispravi na način na koji mislim i govorim, i vodi me ako sam zalutao.

Oče, podari mi dar razlučivanja i osposobi me dok učim znati razliku između pobožnih i bezbožnih učenja, duhova i darova. Pokažit mi po Duhu Svetom što je tvoja volja i daj mi uvid u to kako mogu izvršiti tvojenakane cijelim svojim srcem.

Dragi Bože, molim te pomozi mi da budem brz da čujem i slušam, spor da govorim i spor da se ljutim (Jakov 1:19). Riječi mojih usta i misli moga srca neka ti budu ugodne. Dopusti mi da govorim tvoju istinu s mudrošću da bi svi s kojima govorim mogli razumjeti i imati koristi od tvoje istine.

Pouči me sada u ovoj studiji dok primam tvoju riječ i pouku. Te stvari tražim u snažnom imenu Isusa, mog Gospodina i Spasitelja, Amen.

Kontakt

1. **"Svi su uključeni u duhovni rat? To mi zvuči kao nešto od Holivudskih stvari! "** Razgovarajući s nevjernim prijateljem o pastorovoj propovijedi o duhovnom ratovanju, mlada Kristova učenica imala je svoj prvi susret s pravom sumnjom u stvarnost duhovnih stvari. Debbi-in prijatelj, Ralph, slušao je kako Debbie s njim dijeli svoju vjeru u Krista, kako je Isus umro na križu kako bi platio kaznu za grijeh čovječanstva, poraziviši sile neprijatelja, koji je strahom od smrti držao čovječanstvo u ropstvu. - Što si rekla, Debbi? Misliš li da smo u nekoj vrsti duhovne bitke? "Debbie je odgovorila:" Da, Biblija kaže da je cijeli svemir u ratu, i da pravi neprijatelji ljudi nisu jedan drugome, nego Zli, Sotona, čije su laži i obmana naveli ljude da se pobune protiv Boga i povređuju jedni druge. - Ne znam mogu li to progutati, Debbi. Mislite da su svi uključeni u duhovni rat? To mi zvuči malo kao Hollywood! "Kako biste savjetovali Debbi da odgovori svom prijatelju Ralphu vezano za stvarnost duhovnog ratovanja?

2. **"Laži su najsmrtonosnije oružje na svijetu, jače od najjačih raketa."** To je uvjerenje jednog od najboljih biblijskih učitelja koje je svijet ikada poznavao, Rev. Dr. John Stott-a. Mnogo je podučavao o značenju Svetog pisma i vjerovao je da je u duhovnom ratovanju u kojem je svaki Isusov učenik, srce borbe u istini, tj. što je zapravo ispravno tumačenje svijeta, života i stvari koje dolaze. Tvrdio je da istina Svetog pisma (tj. Božje riječi) može omogućiti da identificiramo, da se suprotstavimo i zamijenimo istinom laži koje neprijatelj baca protiv nas. Što mislite o ovoj rečenici: "Laži su najsmrtonosnije oružje svijeta?" Možete li se sjetiti nekih primjera laži kroz povijest, u koje su ljudi vjerovali i koje su dovele do užasnih stvari koje su učinili ili počinili nad drugima, jednostavno zato što su ljudi prihvatili laži kao istinu?

3. **"Što to više radite, bolje ćete to činiti.»** Svi smo stvorenja navika, koje se, kako se ispostavilo, pokazuju kao jedna od najkorisnijih osobina koje ljudi imaju. Princip je prilično jednostavan. Što više prakticirate određeni stav, misao, praksu ili ponašanje, to je lakše ponoviti ga - i normalno, bolje to činiti. Na isti način, Bog nam je dao određene prakse koje nas oblikuju duhovno (često se nazivaju discipline) koje povećavaju našu sposobnost da se borimo protiv neprijatelja. Što više prakticiramo discipline kršćanskog života (npr. molimo se, družimo se s drugim vjernicima, čitamo, proučavamo i pamtimo Sveto pismo i štujemo Boga), to smo jači i lakše je prepoznati neprijateljske laži i odoljeti im po vjeri. Pročitajte Gal. 6,7-9. Kako nam ovaj tekst pomaže da shvatimo kako možemo rasti do zrelosti u Kristu kroz našu stalnu, strpljivu praksu duhovnih disciplina?

Sadržaj

U posljednjoj sesiji (**Neprijatelj s kojim se borimo**) saznao si o prirodi neprijatelja. U ovoj sesiji naučit ćete kako iskoristiti "Punu Božju bojnu opremu", opremu koju nam je Gospodin dao za borbu u našoj dobroj bitci vjere.

Prava priroda kršćanskog života je rat, ne protiv ljudi, nego protiv duhovnih sila zla koje se odupiru našem radu zato što pripadamo Kristu. Nikada ne smijemo biti iznenađeni što je neprijatelj nemilosrdan; njegovi napadi biti će žestoki i stalni. Bog nam je osigurao pravu opremu, puni arsenal duhovnog oružja za duhovno ratovanje. Borba u kojoj se nalazimo prikazana je kao borba s duhovnim snagama koje su odlučne vidjeti nas kako kompromitiramo našu vjeru, predajemo svoju predanost Kristu i zamjenjujemo je svjetovnošću i smetnjama.

Biblija prikazuje laži neprijatelja kao plamteće rakete, strijele zloga, koje se mogu ugasiti štitom vjere. Naša vjera u Boga je prikazana kao štit koji će nas zaštititi od "zloga", od samog Sotone. Isus je naš Gospodin, Božanski ratnik koji je pobijedio Sotonu u moćnoj pobjedi kroz križ i njegovo uskrsnuće iz mrtvih. Mi smo pobjednici u velikom Christus Victor-u, Gospodinu Isusu Kristu.

Stoga su vjernici duhovni ratnici, Kristovi vojnici, borci koji su svjesni onoga što je u pitanju u bitci s neprijateljskim lažima. Moramo usvojiti tu spoznaju da se borimo protiv neprijatelja, da predstavljamo Krista s poštovanjem u svemu što činimo i da stojimo na tlu u duhovnoj borbi dok smo u djetinjem povjerenju Bogu i Ocu Gospodina našega Isusa Krista. Kroz njega možemo podnijeti bilo što što neprijatelj upotrijebi protiv nas.

Budući da je laž najčešća taktika đavla, naše je najveće oružje potvrditi istinu i odbiti vjerovati laži, biti oprezni po pitanju laži koje smo u iskušenju prihvatiti. Svaki dio Božjeg oklopa na neki se način odnosi na istinu o Bogu u Kristu. Zbog toga moramo učiti o raznoj bojnoj opremi, kako bismo je kroz stalnu praksu učinkovito, s vještinom, iskoristili protiv neprijatelja. Što se više upustimo u borbu, bolje se borimo, kao vojnici Isusa Krista.

> Sotona je došao u Vrt i šapnuo Adamu i Evi – i preko njih svima nama - „Ne možete vjerovati srcu Božjem, on zadržava od tebe ... moraš staviti stvari pod svoju kontrolu. "
>
> ~ John Eldredge. Epic: Priča koju Bog priča. Nashville: Thomas Nelson, Inc., 2004, str. 55.

Oprema koju koristimo
Lekcija 8 Proučavanje Biblije
Pročitajte sljedeće odlomke Pisma i ukratko odgovorite na pitanja povezana s svakim biblijskim učenjem.

1. Dok živimo u svijetu, ne vodimo duhovni rat prema svjetovnim standardima; naše oružje je od Boga, koji nas obučava za učinkovito duhovno ratovanje. Pročitajte 2 Korinćanima 10:3-5 i ispunite praznine u vezi s oružjem našeg ratovanja.

    a. Oružje koje nam je Bog dao nisu od _____.

    b. Ova božanska oružja imaju božansku moć da unište _____.

    c. Kroz ovo oružje možemo uništiti _____ i svaki _____ podignut protiv spoznaje Boga.

    d. Naše korištenje oružja omogućuje nam da _____ _____.

2. Bog je vjernicima opskrbljivao pravilnim oklopom da se čvrsto suprostavi planovima i strategijama našeg neprijatelja, đavla, koji koristi laži kako bi zastrašio i naškodio vjernicima. Uskladite sljedeća pisma s njihovim ispravnim opisom:

    a. Rim. 13:11-12   ____ Cijeli oprema Božja omogućuje nam da se suprotstavimo neprijatelju

    b. Ef. 6:11-12   ____ Skini djela tame, obuci oružje svjetlosti

    c. 1 Sol. 5:8   ____ Štit vjere i ljubavi i kaciga spasenja

3. Vjernici su u ratu ne samo s đavlom, već i s onim što Biblija naziva "svijet" i "tijelo" (vlastita priroda grijeha). Sotona napada vjernike izvana kroz iskušenja ovog svjetskog sustava, i interno, navodeći vjernike da popuštaju svojim grešnim sklonostima. Povežite donje odlomke Pisma s njihovim ispravnim tumačenjem:

    a. Jakov 4:4   ____ Neprijatelj nastoji potkopati našu predanost Kristu

    b. Juda 3-4   ____ Ako ste prijatelji sa svijetom znači da ste Božji neprijatelj

c. 2 Kor. 11:3 ___ Đavao optužuje vjernike, nastojeći ih osuditi pred Bogom

d. Otkrivenje 12:10 ___ Prijevara je neprijateljsko oružje izbora za nanošenje štete vjernicima u njihovom hodu

4. Vjernici trebaju preuzeti cijelu Božju opremu kako bi se suprostavili zlu danu i nakon što se odupru neprijatelju, čvrsto stojite u vjeri. Pročitajte Efežanima 6,13-18. Uskladite dijelove Božjeg oklopa sa stvarima koje su povezane sa svakim komadom.

a. Pojas ___ spasenja

b. Oklop ___ Duha, Riječi Božje

c. Cipele ___ spremnosti na evanđelje mira

d. Štit ___ istine

e. Kaciga ___ vjere

f. Mač ___ pravednosti

5. U našoj duhovnoj borbi, Gospodin je naša snaga i štit, osposobljavajući nas da se borimo protiv laži, neistina i obmana sotone.

a. Pročitaj Mat. 4:1-11. Kako se Isus opirao napadima i iskušenjima neprijatelja?

b. Pročitajte Psalam 18:31-48. Navedite tri načina na koje Gospodin priprema svoje duhovne vojnike da se odupru taktici neprijatelja:

i.

ii.

iii.

c. Pročitajte Ps. 144:1 do 10. Kako nas Gospodin uči da se borimo protiv "neprijatelja", tj. laži i neistina s kojima se svakodnevno suočavamo?

6. *Duhovni vojnik mora uzeti Božji oklop i mora se osloboditi svega što ga sprečava da ga slijedi.* Pročitajte 1 Timoteju 6:11-16. Što biste trebali činiti da biste se borili u dobroj bitci vjere?

7. *Grijeh potkopava našu djelotvornost u ratovanju i može uzrokovati da odustanemo. Ipak, ako griješimo, Bog nam je pružio zagovornika koji nas zastupa pred Ocem.* Pročitajte 1. Ivanovu 2:1-2. Ako griješimo, tko je naš zagovornik, tko govori u našu obranu?

8. Bez obzira koliko teška i obeshrabrujuća može postati borba protiv grijeha, Božja ljubav jamči da ćemo na kraju biti pobjednici. Pročitajte Rimljanima 8:28-39. Popuni praznine:

    a. Sve stvari zajedno rade za one koji su pozvani po njegovom _____ (r. 28).

    b. Ako je Bog za nas, tko može biti _____ nas? (r. 31).

    c. Tko nas može odvojiti od _____ Kristove? (r. 35).

    d. U svim tim stvarima mi smo preko _____ kroz onoga koji nas je ljubio (r. 37).

    e. Navedite sve stvari koje su nemoćne da nas odvoje od Božje ljubavi koja je u Isusu našem Gospodinu (r. 38-39).

9. *Mač Duha je Riječ Božja, Bogom -nadahnuto (inspirirano) Sveto pismo, koje je učinkovito za obučavanje i pripremu za sve što je potrebno da izdržimo i ustrajemo u našem pozivu u Kristu.* Pročitajte 2. Timoteju 3:16-17. Navedite tri stvari koje Biblija čini da nas opremi za svako dobro djelo.

10. Da bismo bili učinkoviti u duhovnom ratovanju, moramo svojoj vjeri dodati osobine pobožnosti koje će nas učiniti produktivnima kroz naš kršćanski život. Pročitajte 2. Petrovu 1:3-11 i odgovorite na sljedeće:

    a. Što nam je dala njegova božanska moć? (v. 3)

    b. Budući da imamo njegova dragocjena, velika obećanja, u čemu sudjelujemo? (v. 4)

c. Nakon što smo svoju vjeru dopunili dobrotom, što bismo još trebali tražiti? (stih 5-7)

d. Kako možemo spriječiti da budemo neučinkoviti i neproduktivni u našem znanju o Gospodinu? (r. 8)

e. Što vrijedi za nekoga tko nema te kvalitete? (r. 9)

Sažetak

Svaki vjernik u Isusu Kristu je u ratu sa svijetom, tijelom i đavlom. To nije bitka protiv ljudi ili fizička borba, nego nasuprot, bitka sa kozmičkim silama zla koje nastoje prevariti, iskriviti i uništiti vjernike korištenjem laži i prijevare. Đavao obilazi okolo kao ričući lav, tražeći nekoga da proždre (1 pet. 5:8-9), i mi bi trebao biti na oprezu, ostajući svjesni njegovog plana. Njegovi napadi na naše umove i srca bit će žestoki i stalni.

Da bi se oduprli neprijatelju u danima borbe, Bog je vjernicima pružio nebeski opremu, "punu Božju bojnu opremu", danu za našu upotrebu u duhovnom ratovanju. Neprijateljsko oružje su laži, koje Biblija prikazuje kao plamteće strijele zloga, koje se može ugasiti jedino štitom vjere (jedan od dijelova Božjeg opreme). Osim toga, ponuđen nam je pojas istine, štit pravednosti, sandale Evanđelja mira, kaciga spasenja i mač Duha, Riječ Božja.

Nikada se nemojte obeshrabriti dok ste u duhovnom ratovanju: uzmite svoj udio u patnji i teškoćama kao dobar vojnik Krista Isusa. Zapamtite, nijedan vojnik u aktivnoj službi se ne uplice i zaokuplja svakodnevnim poslovima, jer je njihov jedini cilj zadovoljiti onoga tko ih je angažirao da služe (2 Tim. 2:3-4). Napadi neprijatelja u obliku laži, optužbi, osuda i negativnosti mogu biti konstantni. Učenje borbe uključuje učenje da budete uporni, da budete disciplinirani i vjerni. Što više koristite oružje Božje u borbi protiv neprijatelja, to ćete više stajati u njegovoj pobjedi. Budite strpljivi i čekajte na Gospodina

Dodatci

Prilozi koje biste trebali proučiti i razmisliti o, koji su relevantni za ovu lekciju su sljedeći:

Kako početi čitati Bibliju (Dod. 3)
Razumijevanje Biblije u dijelovima i cijelima (Dod. 13)
Sažetak Opis Svetoga pisma (Dod. 17)
Kronološka tablica Novog zavjeta (Dod. 18)
Komuniciranje Mesije: odnos evanđelja (Dod. 19)
Neka Bog ustane! Sedam "A" traženja Gospodina i poticanja na njegovu naklonost (Dod. 23)

Pravi problem kršćanskog života dolazi u trenutku kad se svakog jutra budite. Sve vaše želje i nade za dan naviru na vas poput divljih životinja. I prvi posao svakog jutra sastoji se samo u tome da ih sve natrag odgurnemo; slušajući taj drugi glas, prihvaćajući tu drugu točku gledišta, dopuštajući tomu da dođe i drugi veći, jači i tiši život. I tako dalje, cijeli dan. Možemo to učiniti samo za trenutke u početku. Ali od tih trenutaka nova vrsta života će se širiti kroz naš sustav; jer sada mu dopuštamo da radi u desnom dijelu nas. To je razlika između boje, koja se samo polaže na površinu, i boje ili mrlje koja se upija i propušta.

C. S. Lewis.
Richard J. Foster i James Bryan Smith, Eds.
Klasična pobožnost: revidirano izdanje:
Odabrana čitanja za pojedince i grupe.
Renovare, Inc. (HarperCollins Publishers), New York. 1993. p. 9.

Ključni princip

Oružje našeg ratovanja nije od svijeta (2 Kor 10:4).

Proučavanje primjera

Pročitajte i razmislite o sljedećim slučajevima i konceptima, te dajte odgovore i uvide u njihovo rješavanje, na temelju tekstova koje ste prethodno proučavali.

1. **"Nije sve što dolazi u vaš um od Gospoda. Naučite provjeravati izvore!"** Novi vjernici moraju naučiti razumjeti da je njihov um bojno polje duhovnog ratovanja. Neprijatelj ima pristup našim mislima i može sugerirati neistine, laži ili iskrivljenja vjernicima. Ako povjeruju ove obmane, one mogu uzrokovati emocionalnu uznemirenost, lažne poglede i dovesti do destruktivnih ponašanja i navika. Iako posjedujemo božansko oružje kako bismo se oduprli lažnim idejama i perspektivama s kojima se susrećemo, još uvijek moramo naučiti kako se "suprotstaviti (odgovarati) sotoni", tj. koristiti Sveto Pismo za borbu protiv određenih laži, koje neprijatelj baca na nas.

Pročitajte ponovno Isusove odgovore - suprotstavljanje đavlu u Mateju. 4:1-11. Kako je Gospodin odolio iskušenjima đavla? Što je njegovo oružje? Kako je reagirao na tvrdnje koje mu je Sotona dao u pustinji? Što to nas danas može naučiti o našem duhovnom ratovanju?

2. **"Nikada neću moći izaći iz ove kože. Nikada."** U današnjem svijetu mikrovalova svi su navikli odmah, brzo i izravno dobiti ono što im je potrebno. Nitko ne voli ideju o dugom razdoblju napornog rada prije nego što iskusi ono što želi, ili ono što osjeća da mu je potrebno. Takvi

stavovi mogu uvelike utjecati na kršćanski život. Iako su pobjeda, oslobođenje i zaštita dodijeljeni kroz vjeru u Isusa (1 Kor. 15:57; Ivan 5:24; Rim 8:35-39; Ef 1:3), još uvijek moramo naučiti kako se boriti i kako čekati na pobjedu.

Mladi kršćani su skloni lako se obeshrabriti, pogotovo kad su počeli dobro, a zatim iskusili odmak. Nevolje, kušnje i ispitivanja mogu se pokazati teškim i iscrpljujućim, i mogu nas deprimirati. Čak i najsnažniji kršćani mogu biti uhvaćeni nespremni i prepustiti se iskušenjima i lažima neprijatelja. Što mislite da bi vjernik trebao učiniti kad upadno u to da vjeruju da se ne mogu izvući iz svoje kože: počine-grijeh, traže oproštenje, počine-grijeh, traže oprost opet, i tako dalje ? Što bi rekli rastućem kršćaninu koja vjeruje da mu je određeno područje ili pitanje toliko teško da misli da ga ne mogže prevladati?

3. **"Ključ uspjeha u borbi je ustrajnost. Vaša prva i posljednja lekcija je da nikada ne odustanete."** Govoreći o borbama između tijela i Duha s Galacijskim vjernicima, Pavao sažima svoje učenje na ovaj način:

Ne dopustite sebi da vas zavaraju ili obmanjuju: Bog se ne da izrugivati ili dopustiti da bude ostavljen po strani, jer što god neka osoba odabere sijati, to je upravo ono što će i žeti. Jer tko sije u svoje grešne strasti i želje, žeti će od tih istih žudnji tjelesnosti i propasti, a tko sije u duh, iz istoga će Duha požeti život vječni. Nemojmo se nikada umoriti ili obeshrabriti činiti dobro, jer u pravom trenutku žetve sigurno ćemo požnjeti, ako sada ne odustanemo. Onda, kad god imamo priliku činimo dobro, učinimo to svima, osobito onima koji su dio Božjeg doma vjere, vjernicima u Kristu (Gal 6:10-10).

Pavao kaže da se ne smijemo umoriti čineći dobro. Drugim riječima, ne smijemo prestati prije nego što postignemo svoje ciljeve, duhovno govoreći. Obećao je Galacijskim vjernicima da će žeti nagradu svoje žrtve ako ne odustanu. Sve u njihovom ratovanju ovisilo je o tome kako su prakticirali ono što su saznali, prakticirajući pouke vjere koje ih je Pavao naučio. Ako su odbili odustati, obećao im je da će izvući nagradu za svoj trud.

Razmišljajući o sebi, koje stvari uzrokuju najveću nevolju, koje uzrokuju, više od ičega, da želite odustati, predati se i prestati se boriti? Što možete učiniti kako biste osigurali da "ostanete u borbi" i da se oduprete iskušenju da se odreknete grijeha, laži i iskušenja?

Povezanost Da, po vjeri ste izbavljeni iz kraljevstva tame i prevedeni ste u kraljevstvo Gospodina našega Isusa Krista. Zbog toga ste duhovni ratnik, Kristov vojnik, neprijatelj "kozmičkih sila nad ovom sadašnjom tamom". Iako te neprijatelj želi uhvatiti u klopku i naštetiti svojim neistinama, lažima i obmanama, možete naučiti, vjerom i vježbom, da ih prepoznate i pobijedite. Stalnom vježbom možete naučiti kako razlikovati ono što je dobro od onoga što je zlo (Heb. 5:11-14). Ne boj se. Kad uzmemo Božju bojnu opremu, naučimo istine Pisma i živimo u skladu s Božjim svjedočanstvom o sebi, sazrjet ćemo.

> Đavao će vas pokušati uznemiriti i izazvati, ali će pobjeći u trenutku kada počnete moliti. I iznad svega, pokušajte se uključiti u koristan rad. Čineći to, sotona je spriječen da ima pristup vama.
>
> ~ Toma Kempijski.
> Richard J. Foster i James Bryan Smith, Eds.
> Klasična pobožnost: revidirano izdanje:
> Odabrana čitanja za pojedince i grupe.
> Renovare, Inc. (HarperCollins Publishers), New York. 1993. p. 152.

Kako će se to dogoditi? Budući da je neprijateljeva najčešća taktika da nas navede da vjerujemo i djelujemo prema lažima koje čujemo, naše najveće oružje (i naš najveći oklop protiv njegovog napada) je potvrđivanje istine. Svaki vjernik mora obući Božji oklop, držati na oprezu laži koje susreće, i opirati se tim lažima recitiranjem i prihvaćanjem Kristove istine. Koja se područja u vašem današnjem životu trebaju ponovno promisliti i razmotriti u svjetlu istine, tj. Što Sveto Pismo podučava o tome? Koje su stvari nespojive s istinom u Kristu? Razmislite o Pavlovoj trostrukoj strategiji življenja u istini:

> Naravno, ovo nije način na koji ste učili Krista! - pod pretpostavkom da ste čuli za njega i da ste u njemu učeni, kao što istina prebiva u Isusu, da odložite staru odjeću kao svoje bivše ja, taj identitet koji pripada vašem bivšem načinu života, onaj način koji je korumpiran varljivim željama. Umjesto toga, obnovite se u duhu u svojim umovima, po Božjoj istini i stavite se u svoje novo ja, taj identitet koji je stvoren upravo po Božjoj sličnosti u pravoj pravednosti i svetom životu.
>
> Pavao Efežanima (Ef 4:20-24)

Ovaj tekst pruža uvid u to kako se možemo učinkovito boriti u dobroj bitci vjere. Prvo, odložite „staro ja" (s njim laži i prijevare); drugo, obnovite se u duhu svog uma (recite sebi istinu o tom području); i treće, stavite na sebe „novog čovjeka" (djelujte u skladu s istinom sve dok ne stvorite nove navike kako razmišljati, govoriti i djelovati po tom pitanju). Razmišljajte često o Pavlovom uputstvu Efežanima i primjenjujte ga svakodnevno.

Na kojim ste se područjima borili da odložite „staro ja" (s njegovim lažima i prijevarama)"? U tim područjima, što morate "odložiti"? Kako ćete obnoviti um? Što morate "staviti na sebe"? Zamolite Duha za mudrost i milost, i on će vam dati uvid u vašu borbu za istinu na tim područjima.

Potvrda

Bog mi je dao oružje za borbu i zato moram rasti u svojoj sposobnosti kao vojnika Krista kroz praksu duhovnih disciplina u crkvi, govoriti sebi istinu i odbijati vjerovati laži.

Molitva

Teresa de Cepeda y Ahumada (1515-1582) bila je Španjolka koja je počela služiti Kristu kao redovnica u dobi od 20 godina. Bila je vrlo pobožna i imala je jedinstvenu sposobnost pisanja o svom duhovnom životu. Njezin najpoznatiji rad na molitvi je "Unutrašnji dvorac" u kojem je pisala nakon dubokog intimnog susreta s Bogom.

Molitva za predaju, Tereza Avilska

Vodi sve svojom mudrošću Gospodine, da mi služi duša
Kako ti hoćeš, a ne kako bih ja izabrala. Nemoj me kazniti,
Molim te, odobri ono što želim ili pitam, ako ne vrijeđa tvoju ljubav,
koji će uvijek živjeti u meni. Dopusti da umrem sebi, da ti služim,
koji si umijeće pravog života. Amen.

~ Don L. Davis. Souourner's Quest.
Wichita, KS: Institut za urbanu misiju, 2010, str. 98.

Vapaj srca Bogu

Vječni Bože, Gospodine i Učitelju, hvala ti na nevjerojatnoj milosti za providenje oklopa koji nas može zaštititi i opremiti dok susrećemo našeg neprijatelje na ovom svijetu. Nisi nas ostavio bez pomoći u ovoj velikoj borbi za tvoje kraljevstvo. Imamo tvog Duha Svetoga, oproštenje kroz Kristovu krv, oklop svjetlosti i istine Svetog pisma, tvoje Riječi. Mi smo smješteni u tvoju obitelj, imamo divno obećanje i nadu u vječni život i dobili smo darove tvog Svetog Duha. Pomozi nam, sada dragi Oče, da iskoristimo ove prekrasne darove, da prigrlimo svoje obećanje o vječnom životu, i da pobjegnemo od svih laži, ludosti i neistina dok učimo hodati u istini. Daj nam snagu da te s poštovanjem zastupamo kad uzmemo cijelu Božju opremu i naučimo nikada ne odustati, nego stajati čvrsto, u dan zla. U ime Isusa molim, amen.

Za dodatno proučavanje	*Na www.tumi.org/sacredroots imamo odjeljak posvećen dodatnim pisanim i video resursima.* William J. Backus. Govori sebi istinu. Grand Rapids, MI: Izdavači Bethany House, 2000.
Za slijedeću sesiju	U sljedećoj sesiji istražit ćete **Ustrajnost koju pokazujemo** koje uključuje sljedeće teme: 1. Moramo ostati oprezni i ne smijemo biti uhvaćeni izvan straže. 2. Duh Sveti nam pomaže u borbi kroz molitvu. 3. Pomažemo drugim vjernicima u njihovoj borbi.
Pamčenje stiha	Korinćanima 10:4
Zadatci	1. Neprijatelj nam laže tako da moramo ponovno potvrditi istinu. Napravite popis u svom dnevniku o svim lažima koje vam je neprijatelj nedavno rekao: laži o vašem spasenju, laži o Bogu, laži o vama, laži o drugima. Napiši zašto su te laži neistinite. Nastojte pronaći odlomke Pisma koja su u suprotnosti s tim lažima, izražavajući Božje prave tvrdnja o tim područjima. 2. Drugi način borbe za dobru bitku vjere je kroz disciplinu ispovijedi. Uzmite 10 minuta da se molite, moleći Boga da pokaže svaki grešno ponašanje u vama koji trebate priznati Bogu. Nakon što pitate, budite tihi i slušajte. Ako na um dovede grijehe, jednostavno se složite s Bogom i ne opravdavajte se. Tada primite njegovu milost i oprost, dane Kristovom prolivenom krvlju. 3. Pronađite zrelog kršćanina i pitajte o njegovom iskustvu u ispovijedi i primanju oprosta. Ispovjedite svoje grijehe njemu i zatražite riječi i molitve oprosta i iscjeljenja od brata / sestre u Kristu.

USTRAJNOST KOJU POKAZUJEMO

Postojanost svetih

> Neprekidno budite u molitvi u svakom trenutku u Duhu, nudeći sve vrste i načine molitve i prošnje. Imajući to na umu, budite oprezni sa svom ustrajnošću, zagovarajući Boga u ime svih svetih u Boga, svetih njegovih.
>
> Pavao Efežanima (Ef. 6:18)

Ciljevi

Do kraja ove sesije, trebate prihvatiti *Ustrajnost koju pokazujemo* vjerujući da:

- Središnji princip odrastanja u Krista je učiti se ustrajati, ostati budan, a ne biti zapušten; moramo ustrajati i nastaviti naprijed prema nagradi, bez obzira koliko to teško bilo
- Duh Sveti nam daje moć da stojimo vjerni našem pozivu i predanosti pomažući nam u našim borbama da ustrajemo kroz molitvu.
- Dok ostajemo vjerni Kristu i vjerno predstavljamo naš poziv, možemo biti upotrijebljeni za jačanje drugih vjernika u njihovoj borbi.

Uvodna molitva za mudrost

Vječni Bože, Oče moj, u svojoj Riječi govoriš da si ti izvor sveg znanja i mudrosti. To priznajem kao istinu, dragi Oče, i molim da mi daš božansku mudrost, da bih mogao ispravno podijeliti Riječ istine (2 Timoteju 2:15). Molim te da me poučiš i podučiš na način na koji bih trebao ići (Ps 32:8) i usmjeri moje korake. Priklonite moje uho da čujete tvoj glas, a sada me ispravite na način na koji mislim i govorim, i vodite me ako sam zalutao.

Oče, podari mi dar razlučivanja i osposobi me dok učim znati razliku između pobožnih i bezbožnih učenja, duhova i darova. Pokaži mi po Duhu Svetom što je tvoja volja i daj mi uvid u to kako mogu izvršiti tvoje nakane cijelim svojim srcem.

Dragi Bože, molim te pomozi mi da budem brz da čujem i slušam, spor da govorim i spor da se ljutim (Jakov 1:19). Riječi mojih usta i misli moga srca neka ti budu ugodne. Dopusti mi da govorim tvoju istinu s mudrošću da bi svi s kojima govorim mogli razumjeti i imati koristi od tvoje istine.

Pouči me sada u ovoj studiji dok primam tvoju riječ i pouku. Te stvari tražim u snažnom imenu Isusa, mog Gospodina i Spasitelja, Amen.

1. **"Zašto toliko mnogo kršćana, pa čak i pastira, okreće leđa svojoj vjeri?"** Danas mnogi ljudi koji tvrde da poznaju Isusa kao Gospodina, napuštaju svoju vjeru, napuštaju Crkvu i odriču se svog duhovnog poziva u Kristu. To vrijedi ne samo za ljude u redovima u crkvi, nego i za one koji su za propovjedaonicom. Rekordni broj crkava se zatvara, a mnogi službenici okreću leđa Svetom pismu i Kristu. Mnogi pokušavaju objasniti ovaj obrazac, dok drugi nastoje zaustaviti ovaj vanjski tok čineći kršćanstvo „zabavnijim" i „relevantnijim". Što mislite, zašto u ovo vrijeme toliko ljudi napušta organizirane crkve, pa čak i tvrde da više ne vjeruju u Krista?

2. **"Bilo je teško i osjećam se tako razočarano u sebe. Zapravo sam razmišljao o povratku i odlasku u svoj stari život!"** Mnogi mladi vjernici često se nalaze u ciklusu koji se proteže između visokih vremena predanosti i ljubavi prema Kristu do niskih vremena iskušenja i kompromisa s onim što vjeruju. Može biti vrlo obeshrabrujuće za novog vjernika ili rastućeg kršćanina da opetovano padne, a onda, da ustane nakon svakog pada i nastavi dalje. Kao odgovor na ovaj ciklus, Pismo kaže: "Pravednik padne sedam puta, a zatim se ponovno uzdigne, ali zli ljudi užasno se spotiču u vrijeme katastrofe i nevolja (Izreke 24:16). Kršćanski život je strahovito vrijedan, ali nije lako. Zašto je važno da rastući učenik Krista bude strpljiv sa sobom dok nastavljaju hodati s Bogom?

3. **"Učimo poslušnost onako kako je Isus** činio - kroz ono što trpimo." Jedna od najtežih pouka koju novi vjernik može naučiti jest da kršćanski život nikada nije bio osmišljen tako da bude potpuno bez borbe, poteškoća i problema. Možemo se osjećati izdano kad saznamo što je psalmist rekao: Nevolje i teškoće pravednika su brojne, ali ih Gospodin izbavlja iz svake od njih (Ps 34:19Ako smo iskreni, radije bismo se nikada ne borili, ili radije izbjegavali sve oblike nevolje i kušnji! Neki od nas se osjećaju povrijeđeni, pa čak i prevareni kad mi, kao Božja voljena djeca, moramo podnijeti toliko problema i nevolja. Kada ste novi kršćanin, možda će vam biti teško pouzdano ustrajati usred takvih poteškoća.

Ipak, Pismo nas uvjerava da je tako Krist naučavao i pokazivao: Isus je u dane svoga zemaljskog života, iako Gospod, prinosio Ocu molitve i prošnje, uz plač i suze, molio onoga koji može spasiti od smrti. I Isus je čuo odgovor, zbog svog poštovanja i pokornosti Bogu. Iako je Isus doista bio sin, naučio je aktivnu poslušnost kroz ono što je trpio

(Heb. 5:7-8). Kako nam Kristov primjer može pružiti nadu dok učimo strpljivo podnijeti vlastite kušnje u našem putovanju vjere?

Sadržaj

U posljednjoj sesiji (**Oprema koju koristimo**) saznali ste za oružje našeg ratovanja. U ovoj sesiji bit ćete ohrabreni da razvijete ustrajnost i izdržljivost u dobroj bitci vjere.

Da bismo podnijeli nešto, ne smijemo pobjeći od toga. Moramo odrediti u našim srcima i slijediti smjer djelovanja koji je u skladu s onim što vjerujemo i znamo. Ne smijemo se predati ili okrenuti. Čak i ako postane teško, zabrinjavajuće i obeshrabrujuće, mi odlučujemo da nastavimo dalje, da nastavimo naprijed, da vjerujemo u Božje obećanje i čekamo njegovo vodstvo i snagu. Ustrajnost je, dakle, neka vrsta svete tvrdoglavosti, odbijanje dopustiti da nas kušnje ili testovi tako obeshrabruju da okrenemo leđa svojoj vjeri. Ustrajnost kaže: "Bez obzira na sve, neću napustiti svoju predanost Gospodinu."

Kroz poticanje drugih vjernika, molitvu u Duhu Svetom i vjeru u Božja obećanja, možemo nastojati ostvariti svoje ciljeve u Kristu. Možemo poštovati našu predanost Evanđelju i Kraljevstvu našeg uskrslog Isusa Krista samo ako ustrajemo. Možemo pobijediti, ako ne odustanemo.

Ustrajnost dobre bitke vjere stoga se može ilustrirati primjerom vojnika, sportaša i seljaka (2 Tim 2:1-8). Vojnici moraju naučiti trpjeti teškoće, često radeći dugo vremena, biti umorni ili da im je dosadno, ili biti u opasnosti. Sportaši treniraju u svim vremenskim uvjetima i izazivaju se čak i kad su umorni i povrijeđeni. Poljoprivrednici strpljivo čekaju žetvu, iako ne mogu kontrolirati elemente i uvjete vremena i usjeva.

Kao i ovi primjeri, tako i mi moramo izdržati. Moramo biti spremni isprobati stvari i ne uspjeti, i dalje pokušati, znajući da na kraju bitka pripada Gospodinu. Možemo posijati sjeme, biti strpljivi i učiti čekati na Gospodina. Ako to učinimo, Bog će blagovremeno donijeti žetvu.

> Molitva je prvenstveno ratni voki-toki za misiju Crkve jer napreduje protiv sila tame i nevjere. Nije iznenađujuće da se molitva pokvarila kada smo pokušali napraviti domaći interfon kako bismo pozvali na kat za više udobnosti u radnoj sobi. Bog nam je dao molitvu kao ratni voki-toki, tako da možemo pozvati stožer za sve što nam treba da Kristovo kraljevstvo napreduje u svijetu.
>
> ~ John Piper. Neka se narodi vesele. Grand Rapids, MI: Baker Academic, 2010, str. 65.

Ustrajnost koju pokazujemo
lekcija 9 Proučavanje Biblije
Pročitajte sljedeće odlomke Pisma i ukratko odgovorite na pitanja povezana s svakim biblijskim učenjem.

1. *Prepreke i neprijatelj nastoje spriječiti vjernike da rastu i donose plodove za Krista.* Pročitajte Matej 13:1-9 i 13:18-23. Navedite četiri situacije sjemena i uskladite izjavu s opisom.

    a. Sjeme koje je palo uz put ___ Izniklo je, bilo su spaljeno i usahlo

    b. Sjeme na stjenovitom tlu ___ bilo je ugušeno trnjem među njima

    c. Sjeme koje je palo među trnje ___ Dolazile su ptice i proždirale sjeme

    d. Sjeme koje je palo na dobro tlo ___ Proizvodi plod, oko 30, nekih 60, i oko 100 puta više

2. Budući da smo okruženi tolikim ljudima koji su ustrajali u svojoj vjeri, trebamo ostaviti po strani sve što bi nas moglo spriječiti, i dopustiti Isusu da nam pomogne da provedemo naš puni put. Pročitajte Hebrejima 12:1-11. Popuni praznine:

    a. Trčite s _____ utrku koja je postavljena za nas (r. 1).

    b. Zbog discipline trpimo poteškoće; kada ste disciplinirani, Bog vas tretira kao _____ (r. 7).

    c. Sva se disciplina čini bolnom, ali kasnije donosi _____ onima koji su trenirani njome (r. 11).

3. Možemo naučiti ustrajati prisjećajući se vjernosti vjernika koji su bili pod pritiskom usred kušnji.

    a. Pročitajte 1 Kor. 10:1-13. Kako bi nas primjeri vjernika u Pismu trebali poučiti o ustrajnosti u vjeri?

    b. Pročitajte Djela 23:8-14. Što možemo naučiti o pravilnim stavovima tijekom borbe od Jobovog iskustva i reakcije na njegove kušnje i probleme?

4. Molitva je Božji protuotrov i odredba za svakog kršćanina koji se nađe u boli ili borbi u teškim vremenima. Uskladite sljedeće stihove s ispravnim opisom.

   a. Luke 18:1-8   ___ Molite, tražite, i kucajte u molitvi, i Bog će dati

   b. 1 Sol. 5:17; Rim. 12:12   ___ Trebate izdržati; činite Božju volju, primiti obećanje

   c. Luka 11,5-13   ___ Molite bez prestanka

   d. Heb. 10:36-38   ___ uvijek treba moliti i nikada ne odustati

   e. Ef. 6:18   ___ Moli u svim prilikama, da uzme dijelove bojne opreme

5. Vjernici nikada ne odustaju, nego se neprestano jačaju u svojoj vjeri usred kušnji. Pročitajte Judu 20-25 i ispunite praznine.

   a. Juda kaže da trebamo _____ u našoj vjeri i moliti u _____ dok čekamo milost Gospodnju koja vodi u vječni život.

   b. _____, čekajući milost Gospodina našega Isusa Krista koji vodi u vječni život.

6. Kada sijemo u Duha i ustrajemo, možemo žeti dobru žetvu, ali samo ako ne odustanemo. Pročitajte Galaćane 6:7-10. Popuni praznine:

   a. Bog se ne ismijava, što god on bio _____ koji hoće _____.

   b. Nemojte se umoriti činiti dobro, u svoje vrijeme ćete žeti ako _____ _____.

7. *Ako želimo živjeti pobožan život u Kristu, neizbježno je da ćemo podnijeti progonstvo, ali Bog će nas ojačati ako ostanemo u njegovoj Riječi.* Pročitajte 2 Timoteju 3:10-17 i navedite tri stvari koje su istinite o onima koji se oslanjaju na Krista u nevolji.

   a.

b.

c.

8. *Kao Isusovi učenici, moramo naučiti trpjeti poteškoće poput vojnika, atletičara i zemljoradnika.* Pročitajte 2. Timoteja 2:1-8. Uskladite izjavu s opisom. Kako nam ove slike pomažu bolje razumjeti prirodu kršćanskog života?

a. Ono što si me čuo reći   ___ Okrunjen po pravilima

b. Sudjelujte u patnji   ___ povjerenje vjernicima koji će podučavati druge

c. Natjecati se kao atletičar   ___ Ima prvi udio usjeva

d. Vrijedni zemljoradnik   ___ je dobar Kristov vojnik

e. Sjetite se Isusa Krista   ___ Davidov potomak

9. Ne smijemo se obeshrabriti kada trpimo kušnje, nego smatramo da je to čista radost, znajući da će ih Bog iskoristiti da nas ojača; On će nam dati mudrost da prođemo kroz sve što se suočimo. Pročitajte Jakova 1:2-8 i odgovorite na sljedeće:

a. Što trebamo učiniti kad se susrećemo s različitim vrstama kušnji? (stih 2)

b. Što se događa kada je postojanost proizvela svoj puni učinak? (stih 4)

c. Ako nam nedostaje mudrost u suočavanju s našim kušnjama i nevoljama, što nam Bog savjetuje da učinimo? (stihovi 5-8)

Sažetak

Kao borci u dobroj bitci vjere, pozvani smo na izdržljivost, ustrajati do kraja. Ustrajati znači proći kroz nešto, izdržati to, niti se sakriti niti pobjeći od toga. Kao kršćani koji služe Kristu u neprijateljskom svijetu, suočavamo se s neprestanim iskušenjima ovog svjetskog sustava, unutarnjom distrakcijom naše grešne prirode i lažljivom prevarom neprijatelja, đavla. Pod stresom smo, suočavamo se s poteškoćama, pogrešno smo shvaćeni. Usred ovih iskušenja, moramo računati na svu radost dok ih trpimo, znajući da će ih Gospodin upotrijebiti da nas nauči kako čekati na njega i ovisiti o njegovu obećanju.

Ustrajati znači biti tvrdoglav u našoj vjeri, ali biti tako sa svetošću i pouzdanjem. Često nemamo uvid što su razlozi naših kušnji, ali ionako vjerujemo Bogu. Moramo odbiti dopustiti da nas sve što susrećemo tako obeshrabri ili rani kako bismo okrenuli leđa Gospodinu. Izdržati znači oslanjati se na Božju moć i mogućnost da ostanemo vjerni u našoj predanosti Gospodinu. Dok prolazimo kroz kušnje, možemo biti sigurni da će Bog opskrbiti naše potrebe - preko drugih vjernika, kroz molitvu u Duhu Svetom i kroz ohrabrenje Svetog pisma. Dok završavate ovaj tečaj, znajte da je ovo samo početak. Uvijek je prerano za prekid, uvijek prerano za kompromis. Ostanite na čvrsto na tlu i gledajte kako Gospodin ispunjava vaše potrebe.

Dodatci

Prilozi koje biste trebali proučiti i razmisliti o, koji su relevantni za ovu lekciju su sljedeći:

Grba (Dod. 15)
Odgovarajući: Umnožavanje učenika Božjeg kraljevstva (Dod. 20)
Etika Novog zavjeta: Živjeti naopako Kraljevstvo Božje (načelo preokreta)
    (Dod. 21)
Neka Bog ustane! Sedam "A" traženja Gospodina i poticanja na njegovu
    naklonost (Dod. 23)

> Ono što smo sada ponovno otkrili, s mnogo razumljivog entuzijazma, je da se ista načela, koja se primjenjuju na znanost i atletiku i glazbu, jednako primjenjuju na naše vjersko iskustvo. Jednom je bilo moderno zahtijevati apsolutnu slobodu u takvim stvarima, gledajući sa snalažljivošću na one koji su vezani pravilom, ali takva je poniznost sada zastarjela. Mi ne možemo a da ne vidimo da oni koji imaju pravilo da žive od njih imaju više raspoložive moći. Počinjemo vidjeti divnu istinu da je kršćanin onaj koji je upregnut, nosi Kristov jaram i time se odrekao prazne slobode. U kršćanskom učenju vidimo novo značenje da, dok je put koji vodi k razaranju širok, put koji vodi u život je suštinski uzak. Kršćanin kojeg sada poznajemo nije onaj koji čini kako mu se svidi, nego jedan, koji nastoji ugoditi Gospodinu.
>
> ~ Elton Trueblood. Kristov jaram.
> Waco, TX: Izdavač Word Books, 1958, str. 130-131

Ključni princip

Budite vjerni i do smrti i dat ću vam krunu života (Otkrivenje 2:10).

Pročitajte i razmislite o sljedećim slučajevima i konceptima, te dajte odgovore i uvide u njihovo rješavanje, na temelju tekstova koje ste prethodno proučavali.

1. **"Osjećam se kao da sam na toboganu - idem gore, silazim, idem gore, silazim."** Mlada osoba koja je prije nekoliko mjeseci prihvatila Gospodina, podijelila je frustraciju zbog nevolja i probleme s kojima se suočavao. Počeo je osjećati napetosti s ljudima kod kuće, nesporazume na poslu i stalne pritiske od iskušenja, kao nikad prije. Ovaj ciklus događaja počeo je obeshrabrivati tog mladog Kristovog vojnika i počeo se pitati je li zapravo prihvatio Krista "na pravi način". Budući da je iskusio toliko pitanja, pomislio je: "Osjećam se kao da sam na toboganu - Idem gore, silazim, idem gore, silazim. Trenutno nisam baš stabilan. Pitam se radim li nešto krivo. Mnogi kršćani koje poznajem ne prolaze kroz sve ove stvari kao što sam ja sada. "U svjetlu stihova koje ste upravo proučavali, koji biste savjet dali ovom novom kršćaninu o njegovoj situaciji i onome što treba učiniti u vezi s tim?

2. **"Ne vidim kako bih uspio bez Božjeg naroda! Napravili su svu razliku za mene."** Jedan drag brat u Gospodinu došao je Kristu u zatvoru, i odmah nakon što je pušten, posvetio se lokalnoj crkvi. On je proveo onoliko vremena s vjernicima u toj zajednici koliko je mogao. Pohađao je službe i studije i postajao brzo prijateljem s drugom braćom u crkvi. On se dobrovoljno javio da služi u raznim aktivnostima crkve, te je tražio savjet pastora o pitanjima s kojima se suočavao u svom osobnom životu. Godinama je ovaj skup vjernika postao njegov dom, doslovno njegov dom daleko od kuće, i razmišljajući o tome kako je Bog u svom životu koristio pastora i vjernike u toj crkvi, rekao je: "Ne vidim kako bih mogao sve ovo bez naroda Božjeg! Napravili su svu razliku za mene. Njihova podrška, ljubav i savjet su razlog zašto danas služim Gospodinu. "Kako nam ovaj primjer pomaže da shvatimo ulogu drugih vjernika u našoj ustrajnosti u našoj vjeri?

3. **"Kada će se stvari početi mijenjati? Toliko dugo se borim s ovim kušnjama. Čovječe, čini se kao puno čekanja."** Ponekad je kršćanski život uzbudljiv, s novim lekcijama i pobjedama koje dolaze jedna za drugom, stvarajući u nama osjećaj iznenađenja, uzbuđenja i radosti. U drugim slučajevima, međutim, to može biti sporo i teško, ispunjeno problemima i kušnjama koje traju dugo, bez olakšanja na vidiku. Vjernici se lako mogu brzo obeshrabriti nakon velike boli, poput trpljenja dugotrajne bolesti, gubitka voljene osobe ili borbe s nekim moralnim neuspjehom. Jedna od najvažnijih lekcija za kršćansku zrelost je naučiti kako čekati na Boga usred teške borbe. Potrebna nam je Božja milost da nas provede kroz kušnje, da bismo ih mogli podnijeti.

Zbog toga su discipline kršćanskog života tako važne. Bez obzira na to kako se osjećamo ili kako stvari idu, moramo ustrajati u molitvi, u zajedništvu s Kristovim sljedbenicima u lokalnoj crkvi, u Riječi Božjoj i hodanju s Gospodinom. Zašto je važno nikada ne dopustiti da stvari koje doživljavamo imaju konačnu riječ o našoj ustrajnosti u kušnjama? Zašto je opasno dopustiti da naše emocije i reakcije na okolnosti diktiraju kako slijediti Krista, bilo u disciplinama, bilo u našem hodu s drugim kršćanima u zajedništvu?

Povezanost Doista, središnji princip odrastanja u Kristu je učiti se ustrajati, ostati budan, ne prepustiti se. Moramo nastaviti i nastaviti naprijed prema nagradi, bez obzira koliko bi to moglo postati teško. No mi to ne moramo sami. Imamo resurse za osnaživanje da budemo vjerni svom pozivu dok ustrajemo u dobroj bitci vjere. Božji Duh nas ohrabruje - on stalno prebiva u nama, djeluje preko drugih nadarenih vjernika kako bi nas ohrabrio i ojačao u vremenima potrebe. Svaki rastući kršćanin podnosi stres i borbu, kušnje iznutra ili izvana, ali morate naučiti ustrajati. Budite sigurni da imate svoje vrijeme molitve, u Riječi i svoje sudjelujte u svojoj crkvi. Koje stvari Sveti Duh želi od vas da učinite kako biste ojačali svoju sposobnost da ustrajete u vašim okolnostima? Odaberite jednu ili dvije stvari, predajte ih Gospodinu i počnite danas, u Gospodinovoj moći, da podnesete svoje kušnje. Zapamtite, niste ni sami ni napušteni; svi učenici uče izdržati (2 Tim 3:12), a Gospodin vas nikada neće napustiti ili vas napustiti (Ps 27:1-3). Kroz Gospodina i njegovu snagu možete podnijeti svoje kušnje i poštovati Krista u svemu.

Mnogi neurotični i emocionalni poremećaji su rezultat akumuliranih godina samodopadnosti. Ne mislim na pijanice ili slobodnjake, nego na respektabilne kršćane koji bi se vjerojatno užasavali pomisli na dodirivanje alkohola ili uživanja u nemoralnosti. Ali oni su ipak nedisciplinirani, a fatalna slabost se raskrinkava u vrijeme kušnji i nedaća. Cjeloživotni obrazac bježanja od poteškoća, izbjegavanja ljudi koji ne pašu, traženja lakšeg načina, prestanka napuštanja, kada se napuhavanje napokon na kraju pojavi u neurotičkom polu-invaliditetu i nesposobnosti. Mogu pročitati brojne knjige, savjetovati se s mnogim liječnicima i propovjednicima, mogu se zatražiti bezbrojne molitve i izvršiti vjerske obveze; pacijent može biti preplavljen lijekovima, savjetima, skupim tretmanom i duhovnim bičevima; ipak, nitko nije razotkrio pravi uzrok: nedostatak discipline. A jedini pravi lijek je postati disciplinirana osoba.

Richard Shelly Taylor.
Disciplinirani život: Proučavanj umijeća kršćanskog učeništva.
Kansas City, MO: Beacon Hill Press, 1962, str. i-ii.

Potvrda

Usprkos protivljenju s kojim se suočavam, u Duhu Svetom mi je dana moć da budem oprezan u svako doba, izdržavam do kraja i pomažem drugim vjernicima da učine isto.

Molitva

John Wesley (1703-1791), bio je jedan od 19-tero djece rođene Samuelu i Susanna Wesley (koji je bio izvanredan heroj vjere). Kao mladić na koledžu, on i njegovi prijatelji okupili su se kako bi ohrabrili jedni druge da žive svetim životom, a drugi su ih počeli zvati "metodistima" zbog njihovog metodičkog pristupa. Kao neumorni propovjednik i organizator, usredotočujući se na obične ljude u engleskim selima, povjesničari mu daju zaslugu što je spasio zemlju od krvave revolucije. Njegov utjecaj širio se i nakon njegove smrti, kad su mnogi metodistički propovjednici išli u Ameriku noseći evanđeosku poruku.

Wesley-eva molitva saveza

Više nisam svoj, nego tvoj.
Stavi me u ono što želiš, pozovi me s kim želiš.
Stavi me na posao, stavi me u patnju.
Pusti me da se zaposlim za tebe ili odložim za tebe,
uzdignut za tebe ili nisko za tebe.
Dopusti mi da budem pun, da budem prazan.
Dopusti mi da imam sve, da ništa nemam.
Ja slobodno i srdačno predajem sve da ti budem ugodan i na raspolaganju.
A sada, o slavni i blagoslovljeni Bože, Oče, Sine i Duše Sveti,
Ti si moj i ja sam tvoj.
Neka bude tako.
Savez koji sam sklopio na zemlji,
neka se potvrdi na nebu.
Amen.

~ kako se koristi u Knjizi ureda Britanske Metodističke crkve, 1936.

Vapaj srca Bogu

Vječni Bože, Oče Gospodina Isusa Krista, vjerujem u tebe kao mog Boga i mog Spasitelja. Dao si mi vječni život u njegovo ime i želju da sada živim kršćanski život kao i on, ostajući vjeran i dosljedan tvom Evanđelju i zapovijedima. Podari mi milost i pomoć koju samo tvoj Sveti Duh može pružiti, kroz tvoju Riječ, kroz molitvu, kroz zajedništvo s drugim učenicima u bogoslužju i Gospodnjoj večeri, da prianjajući uz tebe mogu živjeti u potpunosti život koji si mi dao. Pomozi mi da nikada ne odustanem, da uvijek molim i oslanjam se na tvoju snagu i da slijedim tvoju volju cijelim svojim srcem, kako bi se ti proslavio, i tvoje kraljevstvo će doći tamo gdje ja živim i radim. Volim te, Oče. Pomozi mi ustrajati. U Isusovo ime molim, amen.

Za dodatno proučavanje

*Na **www.tumi.org/sacredroots** imamo odjeljak posvećen dodatnim pisanim i video resursima.*

Don L. Davis. Uvjerljivo svjedočanstvo. Wichita, KS: The Urban Ministry Institute, 2012. (Ovaj resurs dostupan je na *www.tumistore.org.*)

Pamćenje stiha

1 Timoteju 6:12

Zadatci

1. Napravite popis svih borbi, kušnji i problema s kojima se trenutno suočavate i povjerite svaku Bogu. Zamolite Gospodina za mudrost kako odgovoriti na svaku, i tražite savjet od svog pastora ili zrelih učitelja o tome kako možete praktično i posebno slaviti Boga u svakoj situaciji.
2. Jedan od načina za rast u vašoj sposobnosti borbe za dobru bitku vjere jest prakticiranje samoće. Moramo naučiti slušati Boga u tišini. Odvojite pet minuta kako biste šutjeli i čekali Gospodina. Nemojte čitati ili razgovarati, samo slušajte.
3. Zamolite kršćanskog prijatelja da vam se pridruži u ovoj vježbi: za svaki od sljedećih šest dana, pokušajte postupno produžiti svoje vrijeme samoće, tako da nakon tjedan dana možete podnijeti jedan sat samoće.

DODATCI

123

Dodatak 1
Jednom davno
Kozmička drama kroz biblijsku pripovijest o svijetu
Dr. Don L. Davis

Od uvijek za uvijek, naš Gospod je Bog.
Od uvijek, u toj neponovljivoj tajni postojanja prije početka vremena, naš Trojedini Bog je živio u savršenom sjaju u vječnoj zajednici kao Otac, Sin i Sveti Duh, JA JESAM, pokazujući svoje savršene osobine u vječnom odnosu, koji ne trebaju ništa, u beskrajnoj svetosti , radosti i ljepoti. Prema njegovoj suverenoj volji, naš Bog je nastojao iz ljubavi stvoriti svemir u kojem će se otkriti njegov sjaj i svijet u kojem će se prikazati njegova slava i gdje će ljudi koji su stvoreni na njegovu vlastitu sliku boraviti, dijeliti zajedništvo s njim i uživati u jedinstvu sa njim, sve za njegovu slavu.

Tko je, kao Suvereni Bog, stvorio svijet koji će se na kraju pobuniti protiv njegove vladavine.
Zapaljeni požudom, pohlepom i ponosom, prvi ljudski par pobunio se protiv njegove volje, prevaren od velikog kneza, Sotone, čija je đavolska zavjera da zamijeni Boga kao vladara svih rezultirala nebrojenim anđeoskim bićima koja su se opirala božanskoj volji Božjoj u nebesima. Kroz Adamovu i Evinu neposlušnost, oni su izložili sebe i svoje nasljednike bijedi i smrti, te svojim pobunom uveli kaos u stvorenje, patnju i zlo. Kroz grijeh i pobunu, zajedništvo između Boga i stvaranja je izgubljeno, i sada su sve stvari podložne učincima ovog velikog pada - otuđenje, razdvajanje i osuda postaje temeljna stvarnost za sve stvari. Nijedan anđeo, ljudsko biće ili stvorenje ne može riješiti ovu dilemu, i bez Božje izravne intervencije, sav svemir, svijet i sva njegova bića bila bi izgubljena.

Ipak, u milosrđu i ljubavi, Gospodin Bog je obećao poslati Spasitelja kako bi otkupio svoje stvorenje.
U suverenoj zavjetnoj ljubavi, Bog je odlučio ispraviti učinke pobune svemira slanjem Šampiona, svog jedinog Sina, koji će preuzeti oblik palog para, zagrliti i zbaciti njihovo odvajanje od Boga, i trpjeti umjesto svega čovječanstvo zbog njihovog grijeha i neposlušnosti. Tako je, zahvaljujući njegovoj vjernosti Savezu, Bog postao izravno uključen u ljudsku povijest radi našeg spasenja. Gospod Bog se spušta da bi dokučio svoje stvorenje radi njegovog obnovljenja, kako bi jednom zauvijek pobijedio zlo i uspostavio narod iz kojeg bi njegov Šampion ponovno došao uspostaviti svoju vladavinu u ovom svijetu.

Dakle, podigao je ljude od kojih će doći Vladar.

I tako, kroz Nou, on spašava svijet od vlastitog zla, preko Abrahama, on bira rod preko kojeg će doći sjeme. Kroz Izaka, on nastavlja obećanje Abrahamu, i preko Jakova (Izraela) uspostavlja svoj narod, identificirajući pleme iz kojeg će doći (Juda). Kroz Mojsija, on oslobađa svoje od ugnjetavanja i daje im zavjetni zakon, i kroz Jošuu dovodi svoj narod u obećanu zemlju. Kroz suce i vođe, on nadgleda svoj narod, i preko Davida se obvezuje dovesti kralja iz njegovog roda koji će zauvijek vladati. Unatoč tome što je obećao, njegov je narod sve manje od njegovog saveza. Njihovo tvrdoglavo i uporno odbacivanje Gospodina konačno dovodi do osude njegovog naroda, invazije, svrgavanja i zatočeništva. Milosrdno se sjeća svoga saveza i dopušta da se ostatak vrati - jer obećanje i priča nisu još završeni.

Koji je, kao Šampion, sišao s neba, u punini vremena, i pobijedio kroz Križ.

Dogodilo se oko četiri stotine godina šutnje. Ipak, u punini vremena, Bog je ispunio svoje zavjetno obećanje ulaskom u ovo područje zla, patnje i otuđenja kroz utjelovljenje. U osobi Isusa iz Nazareta, Bog je sišao s neba i živio među nama, pokazujući Očevu slavu, ispunjavajući zahtjeve Božjeg moralnog zakona i pokazujući snagu Božjeg kraljevstva u svojim riječima, djelima i egzorcizmima. Na križu je preuzeo našu pobunu, uništio smrt, pobijedio đavla i ustao treći dan kako bi obnovio stvorenje od pada, kako bi okončao grijeh, bolest i rat, i svima dao život, onima koji prihvaćaju njegovo spasenje.

I uskoro i vrlo brzo će se vratiti na ovaj svijet i učiniti sve novim.

Uzašao na Očevu desnu stranu, Gospodin Isus Krist je poslao Duha Svetoga u svijet, formirajući nove ljude sastavljene od Židova i neznabožaca, Crkvu. Po službenoj dužnosti, oni svjedoče riječju i djelom evanđelja pomirenja cijelom stvorenju, a kada završe svoj zadatak, vratit će se u slavu i dovršiti svoje djelo stvaranje za sva stvorenja. Uskoro će zauvijek ukinuti grijeh, zlo, smrt i učinke prokletstva, i obnoviti sve stvorenje pod svojom vladavinom, obnavljajući sve stvari na novom nebu i novoj zemlji, gdje će sva bića i sva stvorenja uživati u miru (Shalomu) trojedinog Boga zauvijek, na njegovu slavu i čast.

I otkupljeni će živjeti sretno do kraja...

Kraj

DODATAK 2
PRIČA KOJU BOG PRIČA
Rev. Don Allsman

Naslov poglavlja	Sažetak poglavlja	Stih teme
Pokušaj državnog udara (Prije vremena) Postanak 1,1a	Bog postoji u savršenom zajedništvu prije stvaranja. Đavao i njegovi sljedbenici bune se i dovode uzrokuju zlo u postojanje.	U početku bijaše Riječ, i Riječ bijaše kod Boga i Riječ bijaše Bog. On je u početku bio s Bogom. Sve je postalo po njemu i bez njega nije stvoreno ništa (Ivan 1:1-3).
Pobuna (Stvaranje i pad) Postanak 1:1b – 3:13	Bog Stvara čovjeka na svoju sliku, a on se pridružuje Sotoni u pobuni	Stoga, kao što je grijeh došao na svijet kroz jednog čovjeka i smrt kroz grijeh, tako je i smrt prešla na sve ljude jer su svi sagriješili (Rimljanima 5:12).
Priprema za invaziju (Patrijarsi, kraljevi i proroci) Postanak 3:14 - Malahija	Bog nastoji odvojiti narod za sebe, iz kojeg će doći kralj koji će izbaviti čovječanstvo, uključujući pogane. Postepeno se otkrivaju naznačeni tragovi njegovih planova bitke.	To su Izraelci, njima pripada posinstvo, slava, savezi, davanje zakona, štovanje i obećanja. Njima pripadaju patrijarsi, a iz njihovog roda, po tijelu, je Krist koji je Bog nad svima, blagoslovljen zauvijek. Amen (Rim 9:4-5).
Pobjeda i spašavanje (Utjelovljenje, iskušenje, čuda, uskrsnuće) Matej - Djela 1:11	Spasitelj dolazi razoružati svog neprijatelja.	Razlog zašto se Božji Sin pojavio bio je da uništi djela đavla (1 Ivan 3:8b).
Napredak vojske (Crkva) Djela apostolska 1:12 - Otkrivenje 3	Spasitelj otkriva svoj plan sa ljudima koji su zaduženi da progresivn preuzmu o vlasništvo od neprijatelja dok uživaju u predukusu Kraljevstva koje dolazi.	Tako će sada kroz crkvu biti poznata mnogostruka mudrost Božja vladarima i vlastima u nebeskim prostorima. To je bilo prema vječnoj svrsi koju je ostvario u Kristu Isusu Gospodinu našem (Ef 3:10-11).
Konačni sukob (Drugi dolazak) Otkrivenje 4-22	Ovaj Spasitelj se vraća da uništi svog neprijatelja, vjenča svoju nevjestu i nastavi svoje pravo mjesto na prijestolju.	Onda dolazi kraj, kad preda Kraljevstvo Bogu Ocu nakon što uništi svako vlast, autoritet i moć. Doista, on treba da kraljuje dok sve svoje neprijatelje ne stavi pod noge. Posljednji neprijatelj koji treba uništiti je smrt (1 Kor. 15:24-26).
Rat između kraljevstava	Zajednička nit Biblijske priče je ratovanje.	Kraljevstvo svijeta postalo je kraljevstvo našeg Gospodina i njegova sina Krista. I on će kraljevati u vijek vjekova (Otk 11:15b)

To je svijet u kojem se događaju strašne stvari i divne stvari. To je svijet u kojem se dobrota suprotstavlja zlu, ljubav protiv mržnje, red protiv kaosa u velikoj borbi gdje je često teško biti siguran tko pripada kojoj strani jer pojave mogu biti obmanjujuće. Ipak, unatoč svojoj zbunjenosti i divljini, to je svijet u kojem bitka ide u krajnjoj liniji prema dobrima, koji žive sretno do kraja života i gdje na duge staze svatko, dobro i zlo, postaje poznato po svom pravom imenu.

- Frederick Buechner. Govoriti istinu.

Dodatak 3
Kako početi čitati Bibliju
Don Allsman i Rev. Dr. Don L. Davis

1. Pročitajte pojedinačne odlomke, tekstove, pa čak i knjige u svjetlu konteksta cijele Biblijske priče. Kako se to uklapa u Božji plan otkupljenja za povratak svega što je izgubljeno padom?

2. Promatrajte situaciju. Stavite se u okruženje, primjećujući okolinu, prizore, mirise. Zamislite kako je to izgledalo.

3. Obratite pozornost na naredbe, upozorenja, upute i inspiraciju koji oblikuju način na koji živite i razmišljate kako biste najprije mogli tražiti njegovo Kraljevstvo.

Načini čitanja Biblije

Plan čitanja Biblije # 1: Od Postanka do Otkrivenja
1. Počnite čitati knjigu Ivana. To će vam dati pregled Isusova života i pomoći vam da dobijete neku pozadinu dok čitate ostatak Biblije.

2. Vratite se u Postanak 1 i čitajte redom kroz Bibliju.

3. Ne zaglavite na pojedinostima, već pročitajte cijelu Bibliju da biste uživali u njezinu bogatstvu i raznolikosti. Zapišite pitanja koja imate o riječima koje ne razumijete ili stvari koje su zbunjujuće, tako da možete pitati nekoga ili ih potražiti kasnije.

Plan za čitanje Biblije # 2: Kronološki vodič za čitanje
(*Www.tumistore.org*)
Također možete čitati Bibliju svake godine, čitati razne knjige redom kako kršćanski znanstvenici vjeruju da je napisano.

Mnogi vjernici svake godine čitaju Sveto pismo "kronološki" (kroz vrijeme), nastojeći steći veći uvid u cijelu priču o Bogu kao što se to dogodilo u povijesnom poretku događaja.

Vodič za ovaj pregled možete dobiti na stranici www.tumistore.org. Ovaj jednostavan popis knjiga iz Svetog pisma omogućit će vam da pročitate Priču o Bibliji u redoslijedu događaja. To će vam dati opći smisao Biblije kao jedne drame koja se odvija, a ne kao nezavisne knjige odvojene jedna od druge. Također vam pomaže dok čitate Bibliju da svake godine ostanete

ispravni u vezi s pravom temom i fokusom Pisma: Božje spasenje u osobi
Isusa iz Nazareta, Krista.

Ovaj će vam vodič pružiti bogat uvid u događaje iz Svetog pisma i pomoći
vam da bolje shvatite značenje cijele priče o Božjem čudesnom spasenju
i milosti, koja doživljava vrhunac u Kristovu događaju, njegovoj smrti,
pokopu, uskrsnuću, uskrsnuću i povratku.

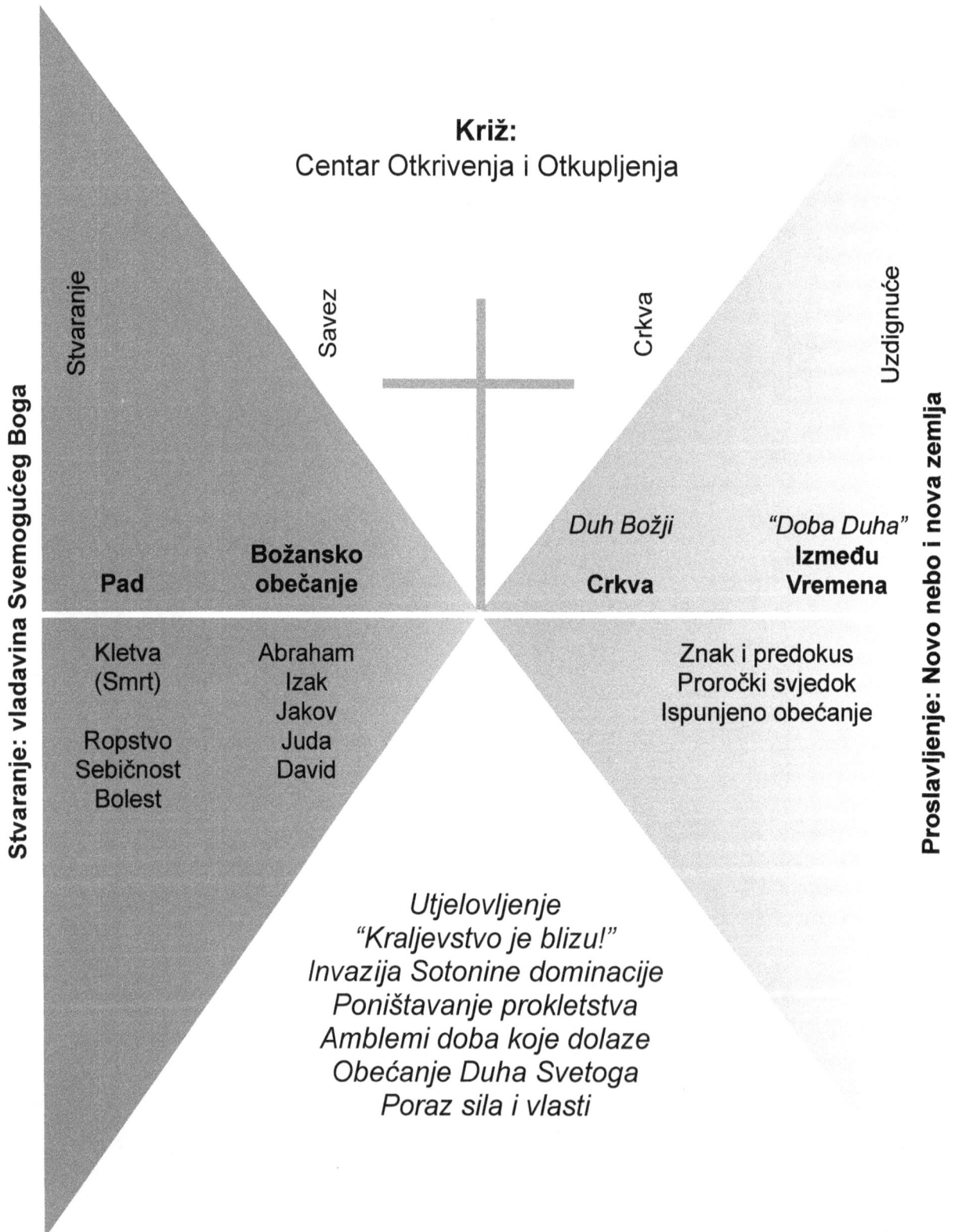

DODATAK 4

ISUS IZ NAZARETA: PRISUTNOST BUDUĆNOSTI
Dr. Don L. Davis

Križ:
Centar Otkrivenja i Otkupljenja

Stvaranje

Savez

Crkva

Uzdignuće

Stvaranje: vladavina Svemogućeg Boga

Proslavljenje: Novo nebo i nova zemlja

Duh Božji

"Doba Duha"
**Između
Vremena**

**Božansko
obećanje**

Pad

Crkva

Kletva	Abraham	Znak i predokus
(Smrt)	Izak	Proročki svjedok
	Jakov	Ispunjeno obećanje
Ropstvo	Juda	
Sebičnost	David	
Bolest		

*Utjelovljenje
"Kraljevstvo je blizu!"
Invazija Sotonine dominacije
Poništavanje prokletstva
Amblemi doba koje dolaze
Obećanje Duha Svetoga
Poraz sila i vlasti*

DODATAK 5
PRIČA O BOGU: NAŠI SVETI KORIJENI
Dr. Don L. Davis

Alfa I Omega	Christus Victor	Dodi, Duše Sveti	Tvoja Riječ je Istina	Velika zbrka	Njegov život u nama	Život na Putu	Nanovorođeni da bi služili
Jahve Bog je izvor, održavatelj i kraj svih stvari na nebesima i na zemlji. Sve je stvoreno i postoji po njegovoj volji i njegovoj vječnoj slavi, trojedinom Bogu, Ocu, Sinu i Duhu Svetom, Rimljanima. 11:36.				Sudjelovanje Crkve u Božjoj razvijajućoj drami / Vjernost apostolskom svjedočenju Kristu i Njegovom Kraljevstvu			
Otkrivajuća drama Trojedinog Boga / Božje samootkrivenje u stvaranju, Izrael i Krist							
Objektivna utemeljenost: Suverena Božja ljubav / Božja Naracija Njegovog Spasiteljskog Djela u Kristu				Subjektivna praksa: Spasenje po milosti kroz vjeru / Otkupljeni radosni odgovor na Božje spasiteljsko djelo u Kristu			
Autor priče	Šampion priče	Tumač priče	Svjedočanstvo priče	Narod priče	Obnova priče	Utjelovljenje priče	Nastavak priče
Otac kao ravnatelj	Isus kao glavni lik	Duh kao pripovjedač	Pismo kao skripta	Svi sveti, ispovjednici	Kao štovaoci, službenici	Kao sljedbenici, suputnici	Kao sluge, ambasadori
Kršćanski svjetonazor	Identitet zajedništva	Duhovno iskustvo	Biblijski autoritet	Ortodoksna teologija	Svećeničko štovanje	Učeništvo zajednice	Svjedočenje kraljevstva
Pobožna i Trojstvena vizija	Kristicentričan temelj	Duho-prebivajuća I ispunjena zajednica	Kanonsko i apostolsko svjedočanstvo	Vjekovna kredo potvrda vjere	Sedmično okupljanje u kršćanskoj zajednici	Korporativna, trajna duhovna formacija	Aktivni agenti Božje vladavine
Suverena volja	Mesijansko predstavljanje	Božansko utješenje	Inspirirano svjedočenje	Istinita priča	Radosno usavršavanje	Vjerno prebivajući	Uvjeren u nadi
Tvorac / Pravi Stvoritelj Svemira	Rekapitulacija / Tipografije i ispunjenje Saveza	Životvorac / Regeneracija i usvajanje	Božanska inspiracija / Bogom nadahnuta Riječ	Ispovijedanje vjere / Sjedinjenje s Kristom	Pjesma i slavlje / Povijesna recitacija	Pastoralni nadzor / Čuvanje stada	Eksplicitno jedinstvo / Ljubav prema svetima
Vlasnik / Suvereni odstranjivač stvaranja	Objavljivač / Utjelovljenje Riječi	Učitelj, nastavnik, profesor / Prosvjetitelj Istine	Sveta povijest / Povijesni zapis	Krštenje u Krista / Zajedništvo svetih	Propovijedi i učenja / Proročka Proglas	Zajednička duhovnost / Zajedničko putovanje kroz duhovne discipline	Radikalna gostoljubivost / Dokaz kraljevanja Božjega Kraljevstva
Vladar / Blagoslovljeni upravitelj svih stvari	Spasitelj / Pomiritelj svega	Pomoćnik / Zadužbina i snaga	Biblijska teologija / Božanski komentar	Pravilo vjere / Apostolsko vjerovanje i Nicejsko vjerovanje	Gospodnja večera / Dramatično ponavljanje	namnesis and Prolepsis through the Church Year / Utjelovljenje Anamneza i prolepsa kroz crkvenu godinu	Ekstravagantna velikodušnost / Dobra djela
Čuvar saveza / Vjerni promicatelj	Restaurator / Krist, Pobjednik nad silama zla	Vodič / Božanska prisutnost i Šekina	Duhovna hrana / Održavanje putovanja	Vincentovski Canon / Sveprisutnost, antika, univerzalnost	Eshatološko predenje / Već / ne još	Učinkovito discipliniranje / Duhovna formacija u Skupini koja vjeruje	Evanđeoski svjedok / Stvaranje učeničkih grupa svih ljudi

Dodatak 6

OD PRIJE DO IZVAN VREMENA
Plan Božji i ljudska povijest

Prilagođeno od Suzanne de Dietrich. Božja namjera. Philadelphia: Westminster Press, 1976.

I. **Prije vremena (prošlost vječnosti) 1 Kor. 2:7**
   A. Vječni trojedni Bog
   B. Božja vječna svrha
   C. Otajstvo bezakonja
   D. Kneževine i ovlasti

II. **Početak vremena (stvaranje i pad) Postanak 1:1**
   A. Kreativna riječ
   B. Čovječanstvo
   C. Jesen
   D. Vladavina smrti i prvi znakovi milosti

III. **Rasklapanje vremena (Božji plan otkriven kroz Izrael) Gal. 3:8**
   A. Obećanje (patrijarsi)
   B. Izlazak i savez na Sinaju
   C. Obećana zemlja
   D. Grad, hram i prijestolje (Poslanik, svećenik i kralj)
   E. Izgnanstvo
   F. Ostatak

IV. **Punina vremena (utjelovljenje Mesije) Gal. 4:4-5**
   A. Kralj dolazi u svoje kraljevstvo
   B. Sadašnja stvarnost njegove vladavine
   C. Tajna Kraljevstva: već i ne još
   D. Raspeti kralj
   E. Uskrsli Gospodin

V. **Posljednja vremena (silazak Duha Svetoga) Djela 2:16-18**
   A. Između vremena: Crkva kao predskazivanje Kraljevstva
   B. Crkva kao agent Kraljevstva
   C. Sukob između kraljevstva tame i svjetla

VI. **Ispunjenje vremena (Drugi dolazak) Mat. 13:40-43**
   A. Kristov povratak
   B. Presuda
   C. Ispunjenje Njegovog Kraljevstva

VII. **Izvan vremena (budućnost vječnosti) 1 Kor. 15:24-28**
   A. Kraljevstvo predano Bogu Ocu
   B. Bog kao sve u svemu

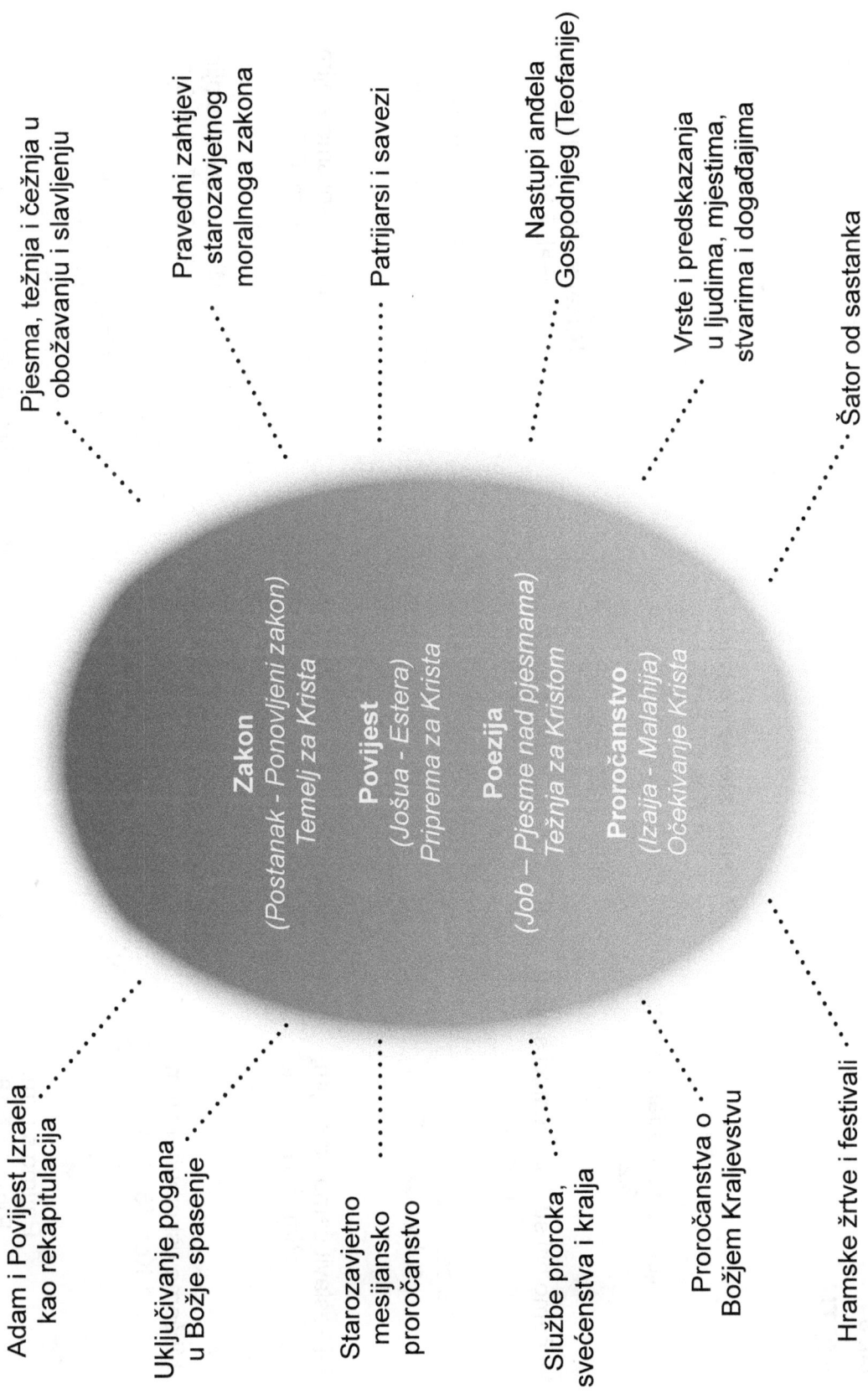

Dodatak 7

SJENA I TVAR
Dr. Don L. Davis

Pjesma, težnja i čežnja u obožavanju i slavljenju

Pravedni zahtjevi starozavjetnog moralnoga zakona

Patrijarsi i savezi

Nastupi anđela Gospodnjeg (Teofanije)

Vrste i predskazanja u ljudima, mjestima, stvarima i događajima

Šator od sastanka

Zakon
(Postanak - Ponovljeni zakon)
Temelj za Krista

Povijest
(Jošua - Estera)
Priprema za Krista

Poezija
(Job – Pjesme nad pjesmama)
Težnja za Kristom

Proročanstvo
(Izaija - Malahija)
Očekivanje Krista

Adam i Povijest Izraela kao rekapitulacija

Uključivanje pogana u Božje spasenje

Starozavjetno mesijansko proročanstvo

Službe proroka, svećenstva i kralja

Proročanstva o Božjem Kraljevstvu

Hramske žrtve i festivali

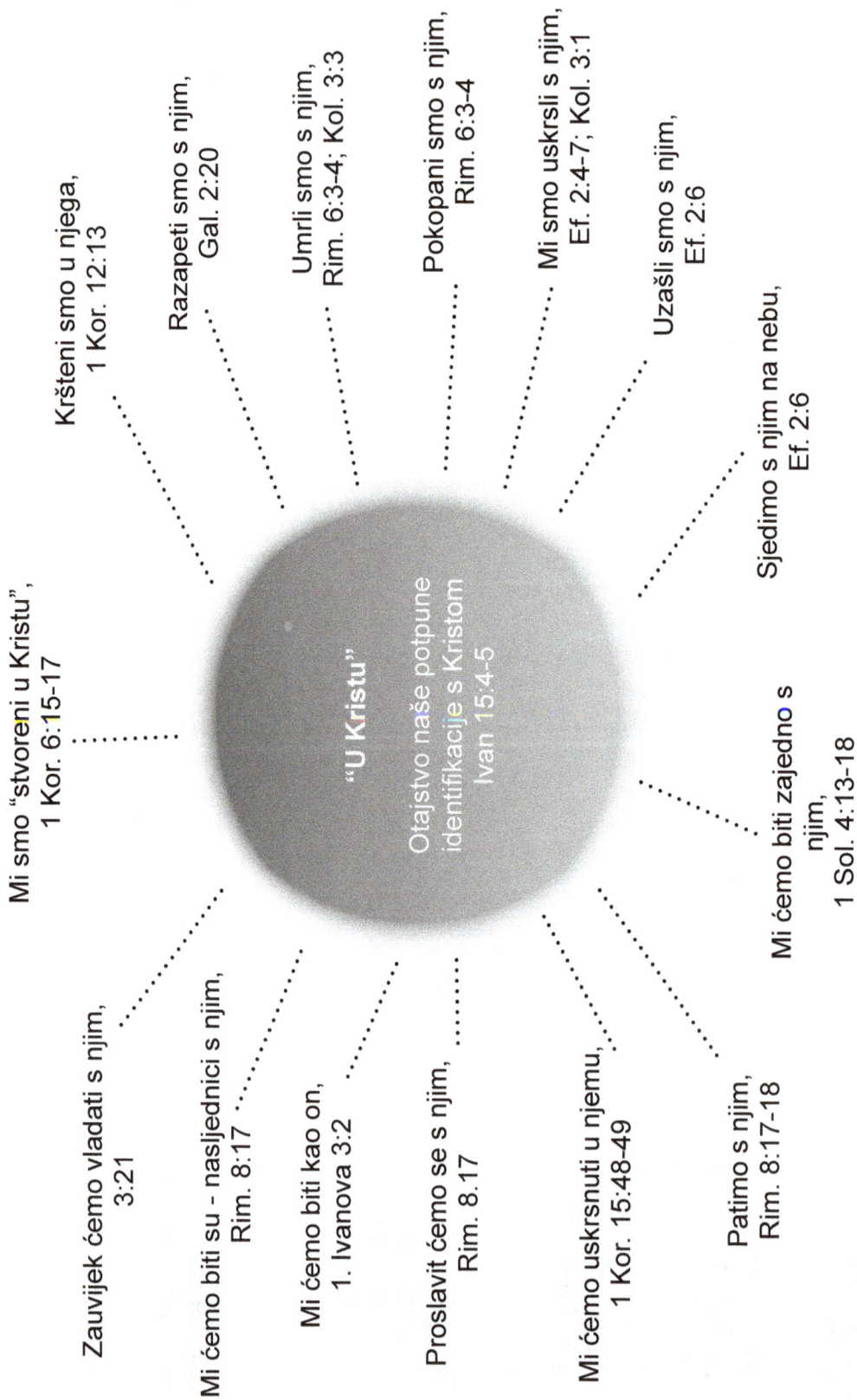

DODATAK 8
U KRISTU
Dr. Don L. Davis

"U Kristu"

Otajstvo naše potpune identifikacije s Kristom
Ivan 15:4-5

Kršteni smo u njega,
1 Kor. 12:13

Razapeti smo s njim,
Gal. 2:20

Umrli smo s njim,
Rim. 6:3-4; Kol. 3:3

Pokopani smo s njim,
Rim. 6:3-4

Mi smo uskrsli s njim,
Ef. 2:4-7; Kol. 3:1

Uzašli smo s njim,
Ef. 2:6

Sjedimo s njim na nebu,
Ef. 2:6

Mi ćemo biti zajedno s njim,
1 Sol. 4:13-18

Patimo s njim,
Rim. 8:17-18

Mi ćemo uskrsnuti u njemu,
1 Kor. 15:48-49

Proslavit ćemo se s njim,
Rim. 8:17

Mi ćemo biti kao on,
1. Ivanova 3:2

Mi ćemo biti su - nasljednici s njim,
Rim. 8:17

Zauvijek ćemo vladati s njim,
3:21

Mi smo "stvoreni u Kristu",
1 Kor. 6:15-17

Dodatak 9

Naša izjava o ovisnosti: sloboda u Kristu
Dr. Don L. Davis

Važno je podučavati kršćanski moral u području slobode koja je za nas stečena u Kristovoj smrti na križu i silazak Duha Svetoga u život i poslanje Crkve (tj. Galaćanima 5:1; za slobodu Krist vas je oslobodio "), i uvijek u kontekstu upotrebe vaše slobode u okviru davanja slave Bogu i napredovanja Kristova kraljevstva. Uz neke kritičke tekstove o slobodi u poslanicama, vjerujem da možemo osposobiti druge da žive za Krista i njegovo kraljevstvo naglašavajući principe "Korinćanima 6-8-10" i primjenjujući ih na sva moralna pitanja.

1. 1 Kor. 6:9-11 - Kršćanstvo je o preobrazbi u Kristu; nijedna isprika neće dovesti osobu u Kraljevstvo.

2. Kor. 6:12a - Slobodni smo u Kristu, ali nije sve ono što činimo poučno ili korisno.

3. 1 Kor. 6:12b - Slobodni smo u Kristu, ali sve što je ovisnost i kontrola nad vama je suprotno Kristu i njegovu Kraljevstvu.

4. 1 Kor. 8:7-13 - Slobodni smo u Kristu, ali nikada ne smijemo vijoriti našu slobodu, osobito u lice kršćana čija bi savjest bila narušena i koji bi se spotaknuli kad bi vidjeli da činimo nešto što smatraju uvredljivim.

5. 1 Kor.10.23 - Slobodni smo u Kristu; sve nam je dopušteno, ali nije sve korisno, niti se sve može izgraditi.

6. 1. Kor.10:24 - Slobodni smo u Kristu i moramo koristiti svoju slobodu da ljubimo svoju braću i sestre u Kristu i njegujemo ih za dobrobit drugih (usp. Gal 5:13).

7. 1 Kor. 10:31 - Slobodni smo u Kristu i tu slobodu dobivamo da bismo proslavili Boga u svemu što činimo, bilo da jedemo ili pijemo, ili bilo što drugo što radimo.

8. 1 Kor. 10:32-33 - Slobodni smo u Kristu i trebamo koristiti svoju slobodu kako bismo učinili sve što možemo kako ne bismo uvrijedili ljude u svijetu ili Crkvi, nego činili ono što činimo kako bismo utjecali na njih da upoznaju i vole Krista, tj. Da bi mogli biti spašeni.

Osim ovih načela, vjerujem da bismo također trebali naglasiti sljedeća načela:

- 1 Pet. 2:16 - Trebamo živjeti slobodno u Kristu kao Božje sluge, ali nikada ne nastojati koristiti našu slobodu kao prikrivanje zla.

- Ivan 8:31-32 - Dokazujemo da smo Kristovi učenici dok ostanemo i nastavljamo u njegovoj Riječi, i na taj način spoznajemo istinu, i istina nas oslobađa u njemu.

- Gal. 5:13 - Kao braća i sestre u Kristu, pozvani smo biti slobodni, a da ne koristimo svoju slobodu kao dozvolu da se prepuštamo svojoj grešnoj naravi; umjesto toga, pozvani smo biti slobodni kako bismo jedni drugima služili u ljubavi.

Ovaj fokus na slobodu, u mom umu, stavlja sve stvari koje kažemo odraslima ili tinejdžerima u kontekstu. Često je način na koji podučavamo mnoge nove kršćane kroz rigoroznu taksonomiju (popisivanje) različitih poroka i moralnih zala, a to im, ponekad, ne samo daje osjećaj da je kršćanstvo anti-akt religija (religija) jednostavno ne radi stvari), i / ili vjerom koja je pretjerano zabrinuta za ne griješiti. Zapravo, moralni fokus u kršćanstvu je na slobodi, slobodi koja se dobiva po visokoj cijeni, slobodi da volimo Boga i unaprijedimo Kraljevstvo, slobodu življenja predanog života pred Gospodinom. Moralna odgovornost urbanih kršćana je da žive slobodno u Isusu Kristu, da žive slobodno do Božje slave i da ne koriste svoju slobodu od zakona kao dozvolu za grijeh.

Srž učenja je, dakle, usredotočiti se na slobodu koju je za nas stekao Krist kroz smrt i uskrsnuće, i na naše jedinstvo s njim. Sada smo oslobođeni zakona, načela grijeha i smrti, osude i krivnje vlastitog grijeha i uvjerenja zakona o nama. Sada služimo Bogu iz zahvalnosti i ljubavi, a moralni impuls je slobodan život u Kristu. Ipak, mi ne koristimo našu slobodu da budemo mudri ili glavni, nego da slavimo Boga i volimo druge. To je kontekst koji se bavi problematičnim pitanjima homoseksualnosti, pobačaja i drugih društvenih bolesti. Oni koji se bave takvim djelima pretvaraju se u slobodu, ali bez znanja o Bogu u Kristu oni samo slijede vlastite unutarnje predispozicije, koje nisu informirane ni Božjom moralnom voljom ni njegovom ljubavlju.

Sloboda u Kristu je transparentni poziv da živimo sveto i radosno kao urbani učenici. Ta sloboda omogućit će im da vide kako mogu biti kreativni kao kršćani usred takozvanog "slobodnog" života koji vodi samo u ropstvo, sramotu i kajanje.

DODATAK 10
FAKTOR OIKOSA
Dr. Don Davis

Elementi Oikos mreže i kruga odnosa

Zajednički odnosi srodstva
Odmah, prošireni i usvojeni
članovi obitelji
Poznanstva i prijateljstva
Značajni drugi, susjedi u
blizini, "prijatelji prijatelja"
Suradnici i veze
Radni kolege, posebni interesi,
etničke, nacionalne, kulturne veze

Najmanje
prijeteće

Potpuno prirodno

Biblijski utemeljen

Relativno
prihvatljivi

Povijesno
djelotvorno

Nema "hladnog
poziva"

Strateški moćan

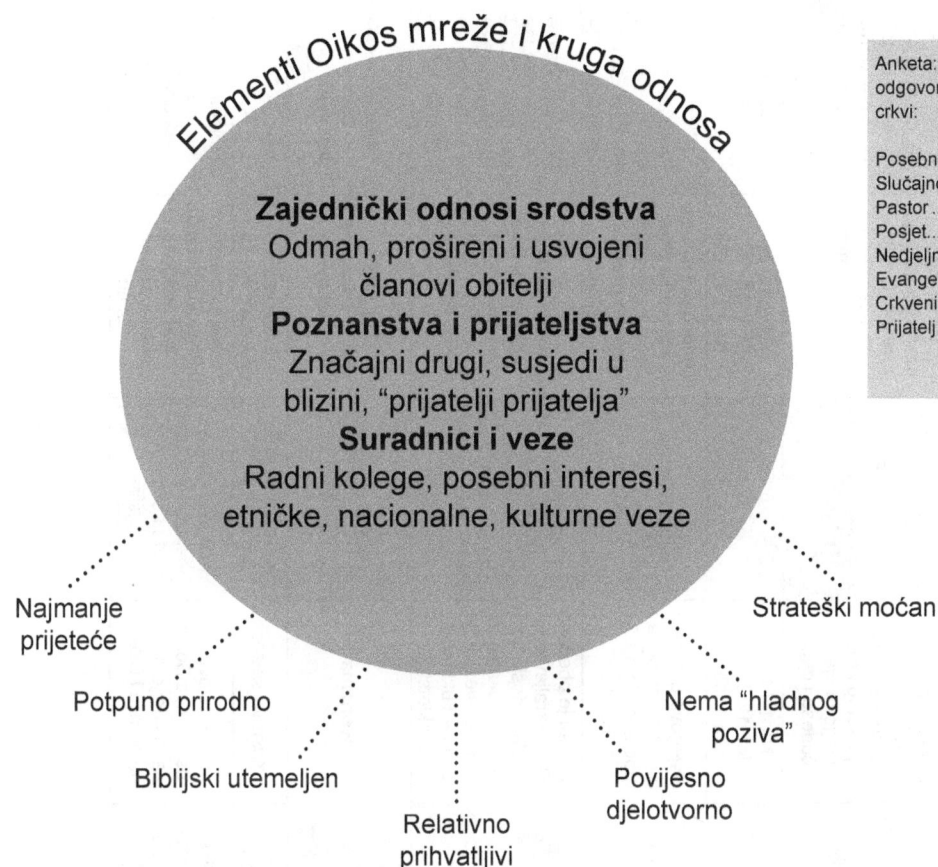

Anketa: 42.000 ispitanika: Tko ili što je
odgovorno za vaš dolazak Kristu i vašoj
crkvi:

Posebne potrebe	1-2%
Slučajno ušetao	2-3%
Pastor	5-6%
Posjet	1-2%
Nedjeljna škola	4-5%
Evangelizacijski događaj / TV	1/2%
Crkveni program	2-3%
Prijatelj ili rođak	75-90%!

~ Rast Crkve, Inc., Monrovia, CA

Oikos (kućanstvo) u SZ-u
"Domaćinstvo se obično sastojalo od četiri generacije, uključujući muškarce, udane žene, neoženjene kćeri, robove oba spola, osobe bez državljanstva i "privremene putnike " ili inozemne radnike s prebivalištem."

~ Hans Walter Wolff, Antologija Starog zavjeta.

Oikos (kućanstvo) u NZ-u
Evangelizacija i stvaranje učenika u našim pripovijestima često se opisuju kao praćenje protoka relacijskih mreža različitih ljudi unutar njihovih oikoija (domaćinstava), to jest, onih prirodnih :linija veze u kojima su živjeli i živjeli (usp. Marko 5:19; Luka 19:9, Ivan 4:53, 1:41-45, itd.). Andrija Šimunu (Ivan 1:41-45) i Kornelije (Djela 10-11) i filipinski tamničar (Djela 16) su značajni slučajevi evangelizacije i discipliniranja kroz oikoi.

Oikos (kućanstvo) među urbanim siromašnima
Iako postoje velike razlike između kultura, rodbinski odnosi, posebne interesne skupine i obiteljske strukture među urbanim stanovništvom, jasno je da se urbanisti povezuju s drugima daleko više na temelju veza kroz odnose, prijateljstva i obitelj nego kroz blizinu i susjedstvo. Često se najbliži prijatelji urbanih siromašnih stanovnika ne nalaze u neposrednoj blizini u smislu susjedstva; obitelj i prijatelji mogu stanovati u blokovima, čak i miljama daleko. Uzimanje vremena za proučavanje preciznih veza odnosa među stanovnicima u određenom području može se pokazati izuzetno korisnim u određivanju najučinkovitijih strategija evangelizacije i stvaranja učenika u unutarnjim gradskim kontekstima.

DODATAK 11

TEOLOGIJA CHRISTUS VICTOR-A
Dr. Don L. Davis

	Obećani Mesija	Riječ je tijelom postala	Sin Čovječji	Sluga patnik	Jaganjče Božje	Pobjednički osvajač	Vladavina Gospodina na nebu	Mladoženja i dolazeći kralj
Biblijski okvir	Nada Izraela pomazanika Jahvina koji će otkupiti svoj narod	U osobi Isusa iz Nazareta Gospodin je došao na svijet	Kao obećani kralj i Sin Čovječji, Isus otkriva Očevu slavu i spasenje svijetu	Kao inagurator Kraljevstva Božjeg, Isus pokazuje Božju vladavinu prisutnu kroz njegove riječi, čudesa i djela	Kao veliki svećenik i uskrslo janje, Isus se predaje Bogu za nas kao žrtvu za grijeh	U svom uskrsnuću od mrtvih i uzašašću s Božje desne, Isus je proglašen kao Pobjednik nad snagom grijeha i smrti	Sada vladajući s Božje desne, dok njegovi neprijatelji ne postanu njegovo podnožje, Isus izljeva svoje blagoslove na svoje tijelo	Uskoro će se uskrsli i uzašli Gospod vratiti i okupiti svoju Nevjestu, Crkvu i dovršiti svoje djelo
Reference iz Svetog pisma	Iz. 9:6-7 Jer. 23:5-6 Iz. 11:1-10	Ivan 1:14-18 Mat. 1:20-23 Fil. 2:6-8	Mat. 2:1-11 Brojevi 24:17 Luka 1:78-79	Mk 1:14-15 Mt. 12:25-30 Luka 17:20-21	2 Kor. 5:18-21 Iz. 52-53 Ivan 1:29	Ef. 1:16-23 Fil. 2:5-11 Kol. 1:15-20	1 Kor. 15:25 Ef. 4:15-16 Djela. 2:32-36	Rim. 14:7-9 Otk. 5:9-13 1 Sol. 4:13-18
Isusova povijest	Pred utjelovljeni, jedinorođeni Sin Božji u slavi	Njegovo začeće od Duha, i rođenje od Marije	Njegovo očitovanje Magima i svijetu	Njegovo učenje, egzorcizam, čuda i moćna djela među ljudima	Njegova patnja, raspeće, smrt i ukop	Njegovo uskrsnuće, s pojavama pred svojim svjedocima, i njegovo uzašašće Ocu	Slanje Duha Svetoga i njegovih darova, i Kristovo mjesto na nebu sa Očeve desne strane	Uskoro se vraća s neba na zemlju kao Gospodin i Krist: Drugi dolazak
Opis	Biblijsko obećanje za sjeme Abrahama, proroka kao što je Mojsije, Davidov sin	U utjelovljenju Bog je došao k nama; Isus otkriva čovječanstvu Očevu slavu u punini	U Isusu, Bog je pokazao svoje spasenje cijelom svijetu, uključujući i pogane	U Isusu je obećano Božje kraljevstvo vidljivo došlo na Zemlju, pokazujući njegovo svezivanje sotone i ukidanje prokletstva	Kao Božje savršeno janje, Isus se predaje Bogu kao žrtva za grijeh u ime cijelog svijeta	U svom uskrsnuću i uskrsnuću Isus je uništio smrt, razoružao Sotonu i ukinuo Prokletstvo	Isus je postavljen s Očevu desne kao Glava Crkve, Prvorođenac od mrtvih i Vrhovni Gospodin na nebu	Dok radimo na njegovom polju žetve u svijetu, tako čekamo Kristov povratak, ispunjenje njegova obećanja
Crkvena Godina	Advent	Božić	Sezona nakon Bogojavljenja Krštenje i Preobraženje	Korizma	Veliki tjedan Patnja	Uskrsno Uskrs, Uzašašće, Duhovi	Sezona poslije Duhova Nedjelja Trojstva	Sezona poslije Duhova Dan svih svetih, vladavina Krista Kralja
	Kristov dolazak	*Kristovo rođenje*	*Kristova manifestacija*	*Kristova služba*	*Kristova patnja i smrt*	*Uskrsnuće i uzašašće Kristovo*	*Kristova Nebeska pozicija*	*Kristova vladavina*
Duhovna formacija	Dok čekamo Njegov dolazak, navještamo i potvrđujemo nadu Kristovu	O Riječ tijelom postala, neka mu svako srce pripremi sobu za stanovanje	Božanski Sine Čovječji, pokaži narodima svoje spasenje i slavu	U Kristovoj osobi moć Božje vladavine je došla na zemlju i Crkvu	Neka oni koji dijele Gospodinovu smrt budu uskrsnuti s njim	Sudjelujemo vjerom u Kristovoj pobjedi nad snagom grijeha, sotone i smrti	Dođi, nastani nas, Sveti Duše, i osnaži nas da unaprijedimo Kristovo kraljevstvo na svijetu	Živimo i radimo u očekivanju njegovog ubrzanog povratka, nastojeći mu ugoditi u svemu

DODATAK 12

CHRISTUS VICTOR: INTEGRIRANA VIZIJA ZA KRŠĆANSKI ŽIVOT I SVJEDOČANSTVO

Dr. Don L. Davis

Za Crkvu
- Crkva je primarni nastavak Isusa u svijetu
- Otkupljeno blago pobjedničkog, uskrslog Krista
- Laos: Božji narod
- Božje novo stvaranje: prisutnost budućnosti
- Lokus i agent Kraljevstva Već / Ne još

Za teologiju i doktrinu
- Autoritativna Riječ Kristove pobjede: Apostolska tradicija: Sveto pismo
- Teologija kao komentar o velikoj Božjoj naraciji
- Christus Victor kao temeljni teološki okvir značenja u svijetu
- Nicejsko vjerovanje: priča o Božjoj pobjedonosnoj milosti

Za duhovnost
- Prisutnost i moć Duha Svetoga usred Božjeg naroda
- Dijeljenje u disciplinama Duha
- Okupljanja, lekcija, liturgija i naši obredi u Crkvenoj godini
- Živjeti život uskrslog Krista u ritmu naših svakodnevnih života

Za darove
- Božja milostiva obdarenja i blagoslove Christusa Victora
- Pastoralne službe Crkvi
- Suvereno izdavanje darova Svetom Duhu
- Upraviteljstvo: božanski, raznoliki darovi za opće dobro

Christus Victor
Uništavač zla i smrti
Obnavljač stvaranja
Victor nad poglavarstvima i grijehom
Pobjednik nad Sotonom

Za obožavanje
- Ljudi uskrsnuća: beskrajno slavlje Božjeg naroda
- Sjećanje, sudjelovanje u Kristovu događaju u našem štovanju
- Slušajte i odgovorite na Riječ
- Pretvorena za stolom, Gospodnja večera
- Prisutnost Oca kroz Sina u Duhu

Za evangelizaciju i misiju
- Evangelizacija kao besramna izjava i demonstracija Christusa Victora svijetu
- Evanđelje kao dobra vijest kraljevstva
- Objavljujemo Božje Kraljevstvo u osobi Isusa iz Nazareta
- Veliko poslanje: idite svim skupinama ljudi koji čine učenike Krista i njegova Kraljevstva
- Proglašavanje Krista Gospodinom i Mesijom

Za pravdu i suosjećanje
- Ljubazni i velikodušni izrazi Isusa kroz Crkvu
- Crkva prikazuje sam život Kraljevstva
- Crkva upravo ovdje i sada prikazuje život nebeskog kraljevstva
- Nakon što smo slobodno primili, slobodno dajemo (bez osjećaja zasluge ili ponosa)
- Pravda kao opipljivi dokaz Kraljevstva

DODATAK 13

RAZUMIJEVANJE BIBLIJE U DIJELOVIMA I CIJELINI

Don Allsman

Biblija je autoritativno izvješće o Božjem planu da uzvisi Isusa kao Gospodara svih, otkupi sve stvorenje i zauvijek odbaci Božje neprijatelje. Tema Biblije je Isus Krist (Ivan 5:39-40):

- Stari zavjet je očekivanje i obećanje Krista
- Novi zavjet je vrhunac i ispunjenje u Kristu

"U Starom zavjetu NZ leži skriveno; u Novom zavjetu SZ se objavio. "

Elementi razvoja: početak, uzlazno djelovanje, vrhunac, padanje akcije, rezolucija

1. **Početak**: Stvaranje i pad čovjeka (problem i potreba za rješavanjem), Postanak 1:1 – 3:15

2. **Podizanje akcije**: Božji plan otkriven kroz Izrael (Postanak 3:15 - Malahija)

3. **Vrhunac**: Isus započinje svoje Kraljevstvo (Matej - Djela 1:11)

4. **Padajuća akcija**: Crkva nastavlja Isusovo djelo (Djela 1:12 - Otkrivenje 3)

5. **Rezolucija**: Isus se vraća kako bi ispunio Kraljevstvo (Otkrivenje 4 - 22)

6. **Komentar**: Božji narod opisuje svoja iskustva kako bi osigurao mudrost (Mudrostna književnost: Job, Psalmi, Izreke, Propovjednik, Pjesme nad pjesmama)

Biblija po redoslijedu knjiga:

Postanak, Izlazak, Levitski zakonik, Brojevi, Ponovljeni zakon, Jošua, Suci, Ruta, 1-2 Samuel	Povijest od stvaranja do vladavine kralja Davida
1-2 Kraljevima	Povijest Izraela od Davida do izgnanstva
1-2 Ljetopisa	Različiti povijesni događaji od stvaranja do izgnanstva
Ezra, Nehemija, Estera	Dešavanja Izraela u izgnanstvu i povratak
Job (suvremenik Abrahamov), Psalmi (prije svega Davidovi), Izreke, Propovjednik, Pjesma nad pjesmama (Salomonovo vrijeme)	Mudrosna literatura
Izaija, Jeremija, Tužaljke, Ezekiel, Daniel, Hošea, Joel, Amos, Obadija, Jona, Mihej, Nahum, Habakuk, Sefanija, Hagaj, Zaharija, Malakija	Zapisi izraelskih proroka iz vremena kraljeva kroz povratak iz progonstva
Matej, Marko, Luka, Ivan	Isus iz Nazareta (Evanđelja)
Djela apostolska, Rimljanima, 1. i 2. Korinćanima, Galaćanima, Efežanima, Filipljanima, Kološanima, 1-2 Solunjanima, 1-2 Timoteju, Titu, Filemonu, Hebrejima, Jakov, 1–2. Petrova, 1-3. Ivanova, Juda, Otkrivenje	Prikaz Crkve nakon Isusovog uzašašća, uključujući pisma apostolske pouke Crkvi (Poslanice)
Otkrivenje	Budućnost i kraj doba (Isusov povratak)

DODATAK 14
TRIDESET I TRI BLAGOSLOVA U KRISTU
Dr. Don L. Davis

Jeste li znali da vam se dogodilo 33 stvari u trenutku kada ste postali vjernik u Isusa Krista? Lewis Sperry Chafer, prvi predsjednik Dallasskog teološkog fakulteta, naveo je ove prednosti spasenja u svojoj sustavnoj teologiji, svezak III (str. 234-266). Te točke, zajedno s kratkim objašnjenjima, daju novorođenome kršćaninu bolje razumijevanje djela milosti ostvarenog u njegovom / njezinom životu, kao i veće razumijevanje svoga novog života.

1. U vječnom Božjem planu, vjernik je:

   a. **Predviđen** - Djela 2:23; 1 Petrova 1:2, 20. Bog je znao od vječnosti svaki korak u cijelom programu svemira.

   b. **Predodređen** - Rim. 8:29-30. Sudbina vjernika postavljena je kroz predznanje u beskrajnu realizaciju svih Božjih bogatstava milosti.

   c. **Izabran** - Rim. 8:38; Kol. 3:12. On / ona je izabran od Boga u sadašnjem dobu i očitovat će Božju milost u budućim dobima.

   d. **Izabrani** - Ef. 1;4. Bog je sam sebi razdvojio svoje izabrane koji su i predviđeni i predodređeni.

   e. **Nazvan** - 1 Sol. 6:24. Bog poziva čovjeka da uživa u blagodatima svojih otkupiteljskih ciljeva. Ovaj pojam može uključivati one koje je Bog odabrao za spasenje, ali koji su još uvijek u svom neregeneriranom stanju.

2. Vjernik je **otkupljen** - Rim. 3:24. Plaćena je cijena koja mu je potrebna za oslobađanje od grijeha.

3. Vjernik je **pomiren** - 2 Kor. 6:18, 19; Rim. 5:10. Oboje su vraćeni u zajedništvo s Bogom i vraćeni u zajedništvo s Bogom.

4. Vjernik je **povezan** s Bogom kroz umirenje - Rim. 3:24-26. On / ona je oslobođen suda od Božjeg zadovoljstva smrću svoga Sina za grešnike.

5. Vjerniku se **opraštaju** svi prijestupi - Ef. 1:7. Za sve njegove / njezine grijehe vodi se računa o prošlosti, sadašnjosti i budućnosti.

6. Vjernik je vitalno **spojen s Kristom** za prelaz starog čovjeka "na novu šetnju" - Rim. 6:1-10. On / ona se dovodi u jedinstvo s Kristom.

7. Vjernik je **"slobodan od zakona"** - Rim. 7:2-6. Obojica su mrtvi zbog svoje osude i oslobođeni su svoje nadležnosti.

8. Vjernik je postao **Božje dijete** - Gal. 3:26. On se iznova rađa obnovom moći Duha Svetoga u odnos u kojem prva osoba postaje legitimni Otac, a spašeni postaje legitimno dijete sa svakim pravom i imenom - Božji nasljednik i zajednički nasljednik Isus Krist.

9. Vjernik je usvojen kao **odraslo dijete u Očevu obitelji** - Rim. 8:15, 23.

10. Vjernik je postao **prihvatljiv** Bogu po Isusu Kristu - Ef. 1:6. On / ona je postao pravedan (Rim 3:22), posvećen (odvojen) poziciono (1 Korinćanima 1:30, 6,11); zauvijek usavršeni u svom položaju i položaju (Heb. 10:14), i postali prihvatljivi u Ljubljenom (Kol. 1:12).

11. Vjernik je **opravdan** - Rim. 5:1. On / ona je proglašen pravednim po Božjoj uredbi.

12. Vjernik je **"ispravan"** - Ef. 2:13. Bliski odnos uspostavljen je i postoji između Boga i vjernika.

13. Vjernik je **izbavljen iz sile tame** - Kol 1:13; 2:13. Kršćanin je oslobođen od Sotone i njegovih zlih duhova. Ipak, učenik mora nastaviti voditi rat protiv tih sila.

14. Vjernik je **preveden u Kraljevstvo Božje** - Kol 1:13. Kršćanin je prebačen iz sotonskog kraljevstva u Kristovo kraljevstvo.

15. Vjernik je **zasađen** na Stijeni, Isus Krist - 1 Kor. 3:9-15. Krist je temelj na kojem vjernik stoji i na kojem gradi svoj kršćanski život.

16. Vjernik je **dar od Boga Isusu Kristu** - Ivan 17:6, 11, 12, 20. On / ona je Očev ljubavni dar Isusu Kristu.

17. Vjernik je **obrezan** u Kristu - Kol. 2:11. On / ona je oslobođen moći stare grešne prirode.

18. Vjernik je postao **sudionik Svetog i Kraljevskog svećeništva** - 1 Pet. 2:5, 9. On / ona je svećenik zbog svog odnosa s Kristom, Velikim svećenikom i vladat će na zemlji s Kristom.

19. Vjernik je **dio izabrane generacije**, svete nacije i osobitog naroda - 1 Pet. 2:9. To je društvo vjernika u ovom dobu.

20. Vjernik je **nebeski građanin** - Fil. 3:20. Stoga je on / ona nazvana strancem što se tiče njegova / njezina života na zemlji (1 Pet. 2:13), i zauvijek će uživati u svom pravom domu na nebu.

21. Vjernik je u **obitelji i domaćinstvu Božjem** - Ef. 2:1, 9. On / ona je dio Božje "obitelji" koja se sastoji samo od istinskih vjernika.

22. Vjernik je u **zajedništvu svetaca** - Ivan 17:11, 21-23. On / ona mogu biti dio zajedništva vjernika jedni s drugima.

23. Vjernik je u **nebeskom društvu** - Kol.27; 3,1; 2 Kor. 6:1; Kol. 1:24; Ivan 14:12-14; Ef. 5:25-27; Tit 2:13. On / ona je partner sa Kristom sada u životu, položaju, službi, patnji, molitvi, zaruku kao nevjesti prema Kristu i očekivanju ponovnog Kristovog dolaska.

24. Vjernik **ima pristup Bogu** - Ef. 2:18. On / ona ima pristup Božjoj milosti koja mu / joj omogućuje duhovni rast, i on / ona ima neometan pristup Ocu (Heb. 4:16).

25. Vjernik je u **"mnogo više" brizi za Boga** - Rim. 5:8-10. On / ona je predmet Božje ljubavi (Ivan 3:16), Božja milost (Efežani 2:7-9), Božja snaga (Ef. 1:19), Božja vjernost (Fil. 1:6), Božji mir (Rim. 5:1), Božja utjeha. (2 Sol 2:16-17), i Božje zagovor (Rim 8:26).

26. Vjernik je **Božje naslijeđe** - Ef. 1:18. On je predan Kristu kao dar od Oca.

27. Vjernik **ima baštinu samog Boga** i svega što Bog daruje - 1 Pet. 1:4.

28. Vjernik **ima svjetlo u Gospodinu** - 2 Kor. 4:6. Ne samo da ima ovo svjetlo, već mu je zapovjeđeno da hoda u svjetlu.

29. Vjernik je **vitalno sjedinjen s Ocem, Sinom i Duhom Svetim** - 1 Sol. 1:1; Ef. 4:6; Rim. 8:1; Ivan 14:20; Rim. 8:9; 1 Kor. 2:12.

30. Vjernik **je blagoslovljen ozbiljnošću i prvinama Duha** - Ef. 1:14; 8:23. On je rođen iz Duha (Ivan 3:6) i kršten Duhom (1 Kor 12:13), što je djelo Duha Svetoga kojim se vjernik pridružuje Kristovu tijelu i postaje "u Kristu, I stoga je sudionik svega što je Krist. Učenik također živi u Duhu (Rim 8:9), zapečaćen Duhom (2 Kor 1:22), čineći ga vječno sigurnim i ispunjenim Duhom (Ef. 5:18) čije ministarstvo oslobađa svoju moć i učinkovitost u srce u kojem boravi.

31. Vjernik je **proslavljen** - Rim. 8:18. On / ona će biti sudionik beskonačne priče o Božanstvu.

32. Vjernik je **potpun u Bogu** - Kol. 2:9, 10. On / ona sudjeluje u svemu što je Krist.

33. Vjernik **posjeduje svaki duhovni blagoslov** - Ef. 1:3. Sva bogatstva prikazana u drugim 32-im točkama koje su prije iznesena moraju biti uključena u ovaj sveobuhvatni termin, "svi duhovni blagoslovi".

DODATAK 15

KRIZA

Dr. Don L. Davis • 1. Timoteju 4:9-16; Hebrejima 5:11-14

Zreli kršćanin
Zreli vjernik i duhovne discipline

Vjerna primjena

Ljupkost

Automatski odgovor

Ugodnost

Osobno zadovoljstvo

Izvrsnost

Ekspertiza

Osposobljavanje drugih

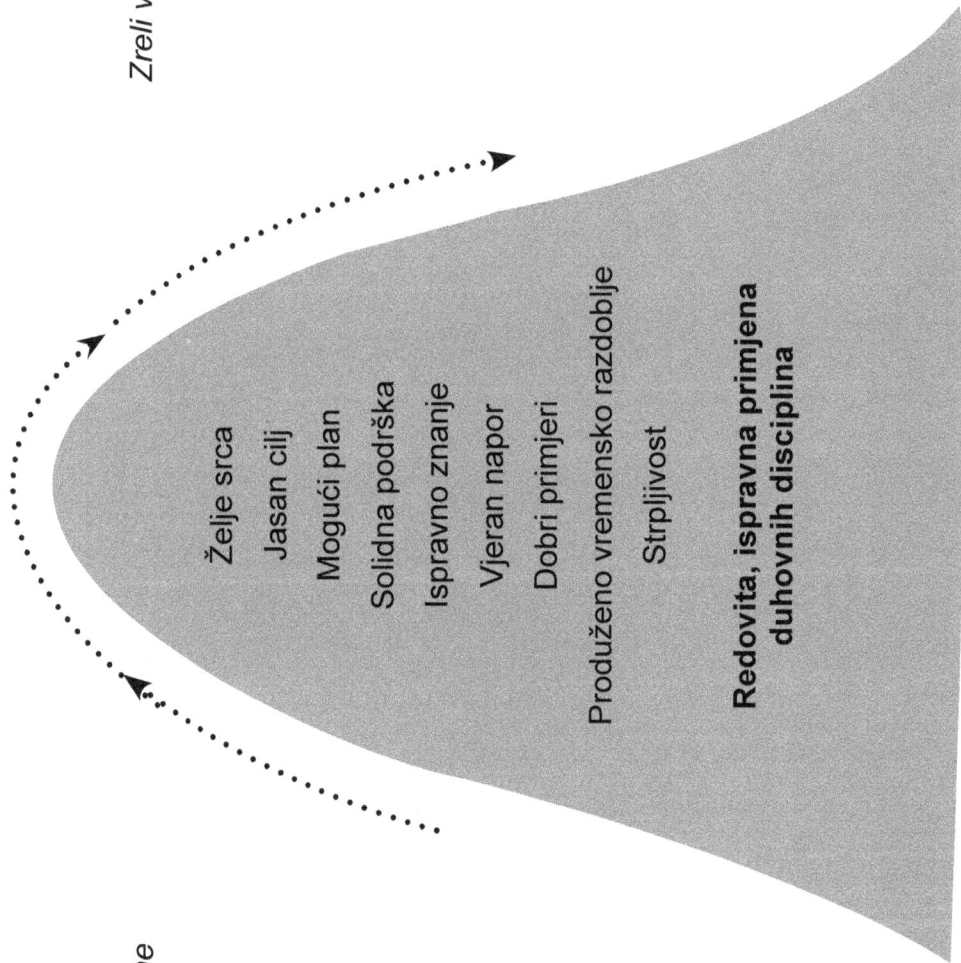

Beba kršćanin
Novi vjernik i duhovne discipline

Nezgrapnost

Nevještost

Greške

Hrapavost

Sporadično ponašanje

Neugodnost

Neefikasnost

Performanse na razini novaka

Želje srca
Jasan cilj
Mogući plan
Solidna podrška
Ispravno znanje
Vjeran napor
Dobri primjeri
Produženo vremensko razdoblje
Strpljivost

Redovita, ispravna primjena duhovnih disciplina

DODATAK 16
IĆI NAPRIJED GLEDAJUĆI UNATRAG
Prema evanđeoskom povratku velike tradicije
Dr. Don L. Davis

Ponovno otkrivanje "Velike tradicije"
U predivnoj maloj knjizi, Ola Tjorhom [1]. opisuje Veliku tradiciju Crkve (ponekad nazvanu "klasična kršćanska tradicija") kao "živu, organsku i dinamičnu". [2]. Velika tradicija predstavlja tu evanđeosku, apostolsku i katoličku jezgru. Kršćanskoj vjeri i praksi koja je u velikoj mjeri bila ostvarena u razdoblju od 100. do 500. g. po Kr.[3] Njegova bogata ostavština i bogatstvo predstavljaju crkveno ispovijed onoga što je Crkva oduvijek vjerovala, štovanje koje je drevna, nepodijeljena crkva slavila i utjelovila, te poslanje prihvatila je i preuzela.

Dok Velika tradicija ne može nadomjestiti apostolsku tradiciju (tj. Autoritativni izvor sve kršćanske vjere, Sveto pismo), niti bi ona trebala zasjeniti živu prisutnost Krista u Crkvi kroz Duha Svetoga, ona je još uvijek autoritativna i revitalizirajuća za Božji narod. Ona ima i još uvijek može pružiti Božji narod kroz vrijeme suštinom njegove ispovijesti i vjere. Velika tradicija prihvaćena je i potvrđena kao autoritativni katolički, pravoslavni, anglikanski i protestantski teolozi, oni drevni i moderni, budući da je proizvela temeljna dokumenta, doktrine, ispovijesti i prakse Crkve (npr. Kanoniku Svetog pisma). , doktrine Trojstva, božanstvo Krista, itd.).

Mnogi evanđeoski učenjaci danas vjeruju da će put naprijed za dinamičnu vjeru i duhovnu obnovu podrazumijevati gledanje unatrag, a ne sentimentalne čežnje za "dobrim starim danima" netaknute, rane crkve bez problema, ili naivnog, pa čak i uzaludnog pokušaja da se opiše svoje herojsko putovanje vjere. Umjesto toga, s kritičkim okom na povijest, pobožnim duhom poštovanja prema drevnoj Crkvi i dubokom predanošću Svetom pismu, trebamo ponovno otkriti kroz Veliku tradiciju sjeme nove, autentične i osnažene vjere. Možemo se preobraziti kada dođemo

---

[1] Ola Tjorhom, Vidljiva Crkva - Vidljivo jedinstvo: Ekumenska ekleziologija i "Velika tradicija Crkve". Kršćansko vjerovanje i praksa razvili su se iz Svetog pisma između Kristova vremena i sredine 5. stoljeća. "Robert E. Webber, Majestic Tapestry. Nashville: Thomas Nelson Publishers, 1986, str. 10.

[2] *Ibid.*, str. 35.

[3] Jezgra Velike tradicije usredotočuje se na formulacije, ispovijesti i prakse prvih pet stoljeća Crkve života i rada. Thomas Oden, prema mojoj procjeni, s pravom tvrdi da ". , , , većina onoga što je trajno vrijedno u suvremenoj biblijskoj egzegezi otkriveno je u petom stoljeću "(usp. Thomas C. Oden, Riječ života. San Francisco: HarperSanFrancisco, 1989, str. xi.).

i informiramo o temeljnim vjerovanjima i praksama Crkve prije strašnih podjela i rascjepkanosti crkvene povijesti.

Pa, ako vjerujemo da bismo barem trebali ponovno pogledati ranu Crkvu i njezin život, ili još bolje, uvjereni smo čak i da povučemo Veliku tradiciju radi obnove u Crkvi - što se zapravo nadamo vratiti ? Hoćemo li nekritički prihvatiti sve što je drevna Crkva rekla i učinila kao "evanđelje", da budemo iskreni samo zato što je bliže nevjerojatnim događajima Isusa iz Nazareta u svijetu? Je li staro "kuka" sama po sebi?

Ne. Ne prihvaćamo sve stvari nekritički, niti vjerujemo da je staro, samo po sebi, doista dobro. Za nas je istina više od ideja ili drevnih tvrdnji; Za nas je istina utjelovljena u osobi Isusa iz Nazareta, a Sveto pismo daje autoritativnu i konačnu tvrdnju značenju njegova otkrivenja i spasenja u povijesti. Ne možemo prihvatiti stvari jednostavno zato što su prijavljene kao da su učinjene u prošlosti ili su počele u prošlosti. Zapanjujuće je da je sama Velika tradicija tražila od nas da budemo kritični, borimo se za vjeru koja je jednom bila predana svetima (Juda 3), da prigrlimo i slavimo tradiciju primljenu od apostola, ukorijenjenu i interpretiranu od samih Svetih pisama, i izražena u kršćanskoj ispovijedi i praksi.

Temeljne dimenzije velike tradicije

Dok Tjorhom nudi svoj popis od deset elemenata teološkog sadržaja Velike tradicije koji on vjeruje da je vrijedan reinterpretacije i gledanja, [4] Vjerujem da postoji sedam dimenzija koje, s biblijske i duhovne točke gledišta, mogu nam omogućiti da shvatimo što rana Crkva je vjerovala, kako su obožavali i živjeli i kako su branili svoju živu vjeru u Isusa Krista. Kroz njihovu odanost dokumentima, ispovijestima i praksama tog razdoblja, drevna Crkva je svjedočila obećanje Božjega spasenja usred poganske i pokvarene generacije.

Jezgra naše sadašnje vjere i prakse razvijena je u ovo doba i zaslužuje drugi (i dvadeset i drugi) pogled.

Prilagodivši, redigirajući i proširujući Tjorhomove pojmove Velike tradicije, ovdje navodim ono što smatram početkom jednostavnog popisa kritičnih dimenzija koje zaslužuju našu nepodijeljenu pažnju i svesrdno vraćanje.

---

[4] *Ibid.*, Str. 27-29. Tjorhomovih deset elemenata raspravlja se u kontekstu njegova rada, gdje on također zagovara strukturalne elemente i ekumenske implikacije preuzimanja velike tradicije. Srdačno se slažem s općim stavom njegova argumenta, koji, kao i moje vlastito uvjerenje, tvrdi da interes i proučavanje Velike tradicije može obnoviti i obogatiti suvremenu Crkvu u njenom bogoslužju, službi i poslanju.

1. **Apostolska** tradicija. Velika tradicija je ukorijenjena u apostolskoj tradiciji, tj. Svjedočanstvu svjedoka apostola i iz prve ruke o Isusu iz Nazareta, njihovom autoritativnom svjedočanstvu njegova života i rada koje je opisano u Svetom pismu, kanonu naše Biblije danas. Crkva je apostolska, izgrađena na temeljima proroka i apostola, a sam Krist je kamen temeljac. Samo Pismo predstavlja izvor našeg tumačenja o Kraljevstvu Božjem, o toj priči o Božjoj otkupiteljskoj ljubavi utjelovljenoj u obećanju Abrahamu i patrijarhima, u Savezima i iskustvu Izraela, a što kulminira otkrivenjem Boga u Kristu Isusu. kao što je to predviđeno u prorocima i objašnjeno u apostolskom svjedočanstvu.

2. **Ekumenski sabori i vjeroispovijesti, osobito Nicejsko vjerovanje.** Velika tradicija objavljuje istinu i postavlja granice povijesne ortodoksne vjere kako je određena i potvrđena u ekumenskim vjerovanjima drevne i nepodijeljene Crkve, s posebnim naglaskom na Nicejsko vjerovanje. Njihove izjave smatrane su točnim tumačenjem i komentarima učenja apostola postavljenih u Pismu. Iako nije samo izvor vjere, ispovijed ekumenskih vijeća i vjeroispovijedi predstavljaju suštinu njezinih učenja, [5] posebno onih prije petog stoljeća (u kojima su se praktično sve elementarne doktrine o Bogu, Kristu i spasenju artikulirale i prihvatile).[6]

3. **Drevno pravilo vjere.** Velika tradicija prihvatila je suštinu te temeljne kršćanske vjere u pravilo, tj. Drevno standardno pravilo vjere, koje se smatralo mjerilom po kojem bi se trebale procijeniti tvrdnje i izjave u vezi s tumačenjem biblijske vjere. Ovo pravilo, kada se primjenjuje pošteno i strogo, može nam jasno omogućiti da definiramo temeljnu kršćansku ispovijest drevne i nepodijeljene Crkve, jasno izraženu u tom

....

[5] Zahvaljujem pokojnom dr. Robertu E. Webberu na ovoj korisnoj razlici između izvora i sadržaja kršćanske vjere i tumačenja.

[6] Dok je sedam ekumenskih vijeća (zajedno s drugima) potvrđeno od strane katoličkih i pravoslavnih zajednica kao obvezujuće, to su prva četiri vijeća koja se smatraju kritičnim, najvažnijim ispovijestima drevne, nepodijeljene Crkve. Ja i drugi tvrdimo to uglavnom zato što prva četiri artikuliraju i ustaljuju jednom zauvijek ono što treba smatrati našom pravovjernom vjerom doktrine Trojstva i Utjelovljenja (usp. Philip Schaff, The Creeds of Christendom, v. 1). Grand Rapids: Baker Book House, 1996, str. Slično tome, čak su i učitelji reformatori prihvatili učenje o velikoj tradiciji i održali su njezine najznačajnije ispovijesti kao autoritativne. U skladu s tim, Calvin bi u svojim vlastitim teološkim tumačenjima mogao tvrditi da će "vijeća imati veličanstvo koje im pripada; ipak, u međuvremenu bi se Sveto pismo istaklo na višem mjestu, sa svime što je podložno njegovom standardu. Na taj način mi rado prigrlimo i štujemo kao svete rana vijeća, kao što su Nicejsko, Carigradsko, prvo u Efezu I, Kalcedonu i slično, koji su se bavili pobijanjem pogrešaka - u onoj mjeri u kojoj se odnose na učenja vjere. Jer oni ne sadrže ništa osim čistog i istinskog izlaganja Svetog pisma, koje su sveti Oci primijenili s duhovnom razboritošću kako bi slomili neprijatelje religije koji su tada nastali "(usp. John Calvin, Instituti kršćanske religije, IV, IX. 8). John T. McNeill, ur. Ford Lewis Battles, trans Philadelphia: Westminster Press, 1960, str. 1171-72).

uputstvu i izreci Vincenta Lerinsa: "ono što je oduvijek bilo vjerovano, svugdje i svuda ." [7]

4. **Svjetski pogled na Christus Victora**. Velika tradicija slavi i potvrđuje Isusa iz Nazareta kao Krista, obećanog Mesiju hebrejskog Pisma, uskrslog i uzvišenog Gospodina i poglavara Crkve. Samo u Isusu iz Nazareta, Bog je ponovno potvrdio svoju vladavinu nad svemirom, uništivši smrt u svojoj smrti, pobjeđujući Božje neprijatelje kroz svoju inkarnaciju, smrt, uskrsnuće, i uzašašće, i otkupljujući čovječanstvo od svoje kazne zbog prekršaja Zakona. Sada uskrsnuo od mrtvih, uzdignut i postavljen desne strane Boga, poslao je Duha Svetoga u svijet osnažiti Crkvu u svom životu i svjedočenju. Crkva se smatra narodom Kristove pobjede. Po povratku, obavit će svoj posao kao Gospodin. Ovaj pogled na svijet bio je izražen u ispovijedi drevne Crkve, propovijedanju, obožavanju i svjedočenju. Danas, zahvaljujući liturgiji i praksi Crkvene godine, Crkva priznaje, slavi, utjelovljuje i objavljuje Kristovu pobjedu: uništenje grijeha i zla i obnavljanje svega stvorenja.

5. **Centralnost Crkve**. Velika tradicija pouzdano je priznala Crkvu kao Božji narod. Vjerno okupljanje vjernika, pod vlašću pastira Krista Isusa, sada je mjesto i agent Kraljevstva Božjega na zemlji. U svom štovanju, zajedništvu, učenju, služenju i svjedočenju Krist nastavlja živjeti i kretati se. Velika tradicija inzistira na tome da je Crkva, pod vlašću svojih pastira i cjelokupnost svećeništva vjernika, vidljivo prebivalište Boga u Duhu u današnjem svijetu. Kada je sam Krist glavni kamen temeljac, Crkva je Božji hram, Kristovo tijelo i hram Duha Svetoga. Svi vjernici, živi, mrtvi, a opet nerođeni - čine jednu, svetu, katoličku (univerzalnu) i apostolsku zajednicu. Redovito okupljajući u skupštini vjerujući, članovi Crkve susreću se lokalno kako bi štovali Boga kroz Riječ i sakrament, te svjedočili u njegovim dobrim djelima i navještanju Evanđelja. Uključujući nove vjernike u Crkvu kroz krštenje, Crkva utjelovljuje život Kraljevstva u svom zajedništvu i pokazuje riječju i djelom stvarnost Kraljevstva Božjega kroz njegov zajednički život i služenje svijetu

6. **Jedinstvo vjere**. Velika tradicija nedvosmisleno potvrđuje katolicitet Crkve Isusa Krista, jer se bavi očuvanjem zajedništva i kontinuiteta s bogoslužjem i teologijom Crkve tijekom stoljeća (Crkvena univerzalna). Budući da je postojala i može biti samo jedna nada, poziv i vjera, Velika

[7] Ovo pravilo, koje je kroz godine dobilo zasluženu naklonost kao zvučno teološko mjerilo za istinsku kršćansku istinu, isprepliće tri žice kritičke procjene kako bi odredilo što se može smatrati ortodoksnim ili ne u učenju Crkve. Sveti Vincent Lerins, teološki komentator koji je umro prije 450. godine, autor je onoga što je nazvano „Vincentovskim kanonom, trostrukim testom katoliciteta: quod ubique, quod sempre, quod ab omnibus creditum est (što je bilo vjerovano svugdje, uvijek i od svih). Ovim trostrukim testom ekumenizma, antike i pristanka, crkva može razlikovati između istinitih i lažnih tradicija. "(Usp. Thomas C. Oden, Klasična pastoralna skrb, svezak 4. Grand Rapids: Baker Books, 1987, p.) 243).

tradicija se borila i težila jedinstvu u riječi, u doktrini, u bogoslužju, u ljubavi.

7. **Evanđeoski mandat uskrsloga Krista.** Velika tradicija potvrđuje apostolski mandat da obznani narodima pobjedu Boga u Isusu Kristu, navještajući spasenje po milosti kroz vjeru u njegovo ime i pozivajući sve narode da se pokaju i vjeruju da uđu u Kraljevstvo Božje. Kroz djela pravednosti Crkva danas prikazuje život Kraljevstva u svijetu, te svojim propovijedanjem i zajedničkim životom pruža svjedočanstvo i znak Kraljevstva prisutnog u svijetu i za svijet (sacramentum mundi) i kao stup i temelj istine. Kao dokaz Kraljevstva Božjeg i čuvara Riječi Božje, Crkva je zadužena da jasno definira i brani vjeru koju su apostoli jednom zauvijek predali Crkvi.

Zaključak: Traženje naše budućnosti gledanjem unatrag

U vremenu u kojem su mnogi zbunjeni bučnim kaosom mnogih koji tvrde da govore u ime Boga, krajnje je vrijeme da ponovno otkrijemo korijene naše vjere, da se vratimo na početak kršćanske ispovijedi i prakse, i da vidimo, u stvari, da možemo povratiti svoj identitet kroz štovanje Krista i kroz učeništvo koje je promijenilo svijet. Prema mojoj procjeni, to se može učiniti putem kritičkog, evanđeoskog prisvajanja Velike tradicije, te temeljne vjere i prakse koja je izvor svih naših tradicija, bilo katoličkih, pravoslavnih, anglikanskih ili protestantskih.

Naravno, specifične tradicije nastavljaju nastojati izraziti i proživjeti svoju predanost autoritativnoj tradiciji (tj. Svetom pismu) i velikoj tradiciji kroz svoje bogoslužje, poučavanje i služenje. Naše različite kršćanske tradicije (malo "t"), kada su ukorijenjene i izražavaju učenje Svetog pisma i vođene Svetim Duhom, nastavit će učiniti Evanđelje jasno unutar novih kultura ili subkultura, govoreći i modelirajući nadu Krista u nove situacije oblikovane vlastitim nizom pitanja postavljenih u svjetlu njihovih vlastitih jedinstvenih okolnosti. Naše tradicije su u osnovi pokreti kontekstualizacije, tj. Pokušaji da se u ljudskim grupama pruži autoritativna tradicija na način koji ih vjerno i učinkovito vodi prema vjeri u Isusa Krista.

Stoga bismo trebali pronaći načine da obogatimo naše suvremene tradicije ponovnim povezivanjem i integriranjem naših suvremenih ispovijesti i praksi s Velikom tradicijom. Nemojmo nikada zaboraviti da je kršćanstvo u svojoj srži vjerno svjedočanstvo Božjega spašavanja u povijesti. Kao takvi, uvijek ćemo biti ljudi koji nastoje pronaći našu budućnost gledajući unatrag kroz vrijeme u onim trenucima otkrivenja i djelovanja gdje je Božje pravilo postalo jasno kroz utjelovljenje, strast, uskrsnuće, uzašašće i ubrzo dolazak Kristov. Zapamtimo, slavimo, ponovno proučavamo, učimo iznova i strastveno naviještamo ono što su vjernici ispovijedali od onog jutra prazne grobnice - spasiteljsku priču o Božjem obećanju u Isusu iz Nazareta da otkupi i spasi narod za svoje.

DODATAK 17
SAŽETAK SKICA PISMA
Dr. Don L. Davis

Stari zavjet

1. **Postanak** - *Počeci*
   a. Adam
   b. Noa
   c. Abraham
   d. Izak
   e. Jakov
   f. Josip

2. **Izlazak** - *iskupljenje (izvan)*
   a. Ropstvo
   b. Oslobođenje
   c. Zakon
   d. Šator od sastanka

3. **Levitski zakon** - *Obožavanje i zajedništvo*
   a. Prinosi i žrtve
   b. Svećenici
   c. Gosti i festivali

4. **Brojevi** - *Usluga i šetnja*
   a. Organizirano
   b. Lutanja

5. **Ponovljeni zakon** - *poslušnost*
   a. Mojsije pregledava povijest i pravo
   b. Građanski i društveni zakoni
   c. Palestinski zavjet
   d. Mojsijev blagoslov i smrt

6. **Jošua** - *Iskupljenje (uvod)*
   a. Osvajanje zemlje
   b. Podijela zemlje
   c. Jošua se oprašta

7. **Suci** - *Božja oslobađanje*
   a. Neposlušnost i sud
   b. Dvanaest sudaca Izraela
   c. Uvjeti bez zakona

8. **Ruta** - *Ljubav*
   a. Ruta bira
   b. Ruta radi
   c. Ruta čeka
   d. Ruta je nagrađena

9. **1 Samuelova** - *Kraljevi, svećenička perspektiva*
   a. Eli
   b. Samuel
   c. Saul
   d. David

10. **2. Samuelova** - *David*
    a. Kralj Judin (9 godina - Hebron)
    b. Kralj sveg Izraela (33 godine - Jeruzalem)

11. **1. Kraljevima** - *Solomonova slava, Kraljevstvo propada*
    a. Salomonova slava
    b. Kraljevstvo
    c. Ilija prorok

12. **2. Kraljevima** - *Podijeljeno kraljevstvo*
    a. Elizej
    b. Izrael (Sjeverno kraljevstvo pada)
    c. Juda (južno kraljevstvo pada)

13. **1. Ljetopisa** - *Ugovori o Davidovom hramu*
    a. Rodoslovlja
    b. Kraj Saulove vladavine
    c. Vladavina Davidova
    d. Priprema hrama

14. **2. Ljetopisa** - *napušteni hram i bogoslužje*
    a. Solomon
    b. Judejski kraljevi

15. **Ezra** - *manjina (ostatak)*
    a. Prvi povratak iz progonstva - Zerubabel
    b. Drugi povratak iz progonstva - Ezra (svećenik)

16. **Nehemija** - *Obnova vjerom*
    a. Obnova zidova
    b. Preporod
    c. Religijske reforme

17. **Estera** - *Spasiteljica*
    a. Estera
    b. Haman
    c. Mordokaj
    d. Izbavljenje: Blagdan Purima

18. **Job** - *Zašto pravednici trpe*
    a. Božji posao
    b. Sotonin napad
    c. Četiri filozofska prijatelja
    d. Bog živi

19. **Psalmi** - *molitva i pohvala*
    a. Davidove molitve
    b. Pobožno patiti; oslobođenje
    c. Bog se bavi Izraelom
    d. Patnja Božjeg naroda - završava Gospodinovom vladavinom
    e. Božja riječ (Mesijina patnja i slavni povratak)

20. **Izreke** - *mudrost*
    a. Mudrost protiv ludosti
    b. Solomon
    c. Salomon - Ezekija
    d. Agur
    e. Lemuel

21. **Propovjednik** - *Ispraznost*
    a. Eksperimentiranje
    b. Zapažanje
    c. Obzir

22. **Pjesme nad pjesmama** - *ljubavna priča*

23. **Izaija** - *pravednost (sud) i milost (utjeha) Božja*
    a. Proročanstva kazne
    b. Povijest
    c. Proročanstva blagoslova

24. **Jeremija** - *Judin grijeh vodi do babilonskog zatočeništva*
    a. Jeremijin poziv; ovlašten
    b. Juda je osuđen; predviđanje babilonskog zatočeništva
    c. Obnova je obećana
    d. Prorokovana presuda iznesena
    e. Proročanstva protiv pogana
    f. Sažetak Judinog zatočeništva

25. **Tužaljke** - *jadikovanje nad Jeruzalemom*
    a. Bolest Jeruzalema
    b. Uništen zbog grijeha
    c. Prorokova patnja
    d. Sadašnje pustošenje u odnosu na prošlost
    e. Molite Boga za milost

26. **Ezekiel** - *Izraelovo zatočenje i obnova*
    a. Sud nad Judom i Jeruzalemom
    b. Sud nad poganskim narodima
    c. Izrael je obnovljen; Buduća slava Jeruzalema

27. **Daniel** - *vrijeme pogana*
    a. Povijest; Nabukodonozor, Beltazar, Daniel
    b. Proročanstvo

28. **Hošea** - *nevjera*
    a. Nevjernost
    b. Kazna
    c. Obnova

29. **Joel** - *Dan Gospodnji*
    a. Kuga skakavaca
    b. Događaji budućeg Dana Gospodinova
    c. Red budućeg Dana Gospodinova

30. **Amos** - *Bog osuđuje grijeh*
    a. Susjedi su procijenili
    b. Izrael je sudio
    c. Vizije budućeg suda
    d. Izraelovi blagoslovi iz prošlosti suda

31. **Obadija** - *Edomovo uništenje*
    a. Uništavanje je prorokovano
    b. Razlozi uništenja
    c. Izraelov budući blagoslov

32. **Jona** - *Spasenje pogana*
    a. Jona ne sluša
    b. Drugi pate
    c. Jona je kažnjen
    d. Jona sluša; tisuće su spremljene
    e. Jona je nezadovoljan, nema ljubavi prema dušama

33. **Mihej** - *Izraelovi grijesi, sud i obnova*
    a. Grijeh i sud
    b. Milost i buduća obnova
    c. Žalba i molba

34. **Nahum** - *Niniva Osuđena*
    a. Bog mrzi grijeh
    b. Ninivina propast prorokovana
    c. Razlozi za propast

35. **Habakuk** - *pravedan život vjerom*
    a. Žalba na Judin neizreciv grijeh
    b. Kaldejci će ih kazniti
    c. Žalba na zločin Kaldejaca
    d. Kazna je obećana
    e. Molitva za probuđenje; vjera u Boga

36. **Sefanija** - *Babilonska invazija Predlika dana Gospodnjeg*
    a. Presuda nad Judom nagovještava Veliki Dan Gospodnji
    b. Presuda nad Jeruzalemom i susjedima predočava konačni sud svih naroda
    c. Izrael je obnovljen nakon presuda

37. **Hagaj** - *Obnova hrama*
    a. Nemarnost
    b. Hrabrost
    c. Odvajanje
    d. Osuda

38. **Zaharija** - *dva Kristova dolaska*
    a. Zaharijina vizija
    b. Betelovo pitanje; Jahvin odgovor
    c. Pad nacije i spasenje

39. **Malahija** - *Zanemarivanje*
    a. Svećenikovi grijesi
    b. Grijesi ljudi
    c. Nekoliko vjernika

Novi zavjet

<table>
<tr><td valign="top">

1. **Matej** - *Isus kralj*
   a. Osoba kralja
   b. Priprema kralja
   c. Propaganda kralja
   d. Program kralja
   e. Kraljeva muka
   f. Moć kralja

2. **Marko** - *Isus sluga*
   a. Ivan uvodi Slugu
   b. Bog Otac identificira Sluge
   c. Iskušenje inicira Slugu
   d. Rad i riječ sluge
   e. Smrtni pokop, uskrsnuće

3. **Luka** - *Isus Krist savršeni čovjek*
   a. Rođenje i obitelj savršenog čovjeka
   b. Ispitivanje savršenog čovjeka; rodni grad
   c. Služba savršenog čovjeka
   d. Izdaja, suđenje i smrt savršenog čovjeka
   e. Uskrsnuće savršenog čovjeka

4. **Ivan** - *Isus Krist je Bog*
   a. Prolog - utjelovljenje
   b. Uvod
   c. Svjedok djela i riječi
   d. Svjedočanstvo Isusa njegovim apostolima
   e. Strast - svjedočenje svijetu
   f. Epilog

5. **Djela** - *Duh Sveti koji djeluje u Crkvi*
   a. Gospodin Isus djeluje po Duhu Svetom preko apostola u Jeruzalemu
   b. U Judeji i Samariji
   c. Do krajnjih dijelove Zemlje

6. **Rimljani** - *Božja pravednost*
   a. Pozdrav
   b. Grijeh i spasenje
   c. Posvećivanje
   d. Borba
   e. Duhom ispunjen život
   f. Sigurnost spasenja
   g. Segregacija
   h. Žrtvovanje i služenje
   i. Razdvajanje i pozdrav

7. **1. Korinćanima** - *Kristovo gospodstvo*
   a. Pozdrav i zahvalnost
   b. Uvjeti u korintskom tijelu
   c. Što se tiče Evanđelja
   d. Što se tiče zbirki

</td><td valign="top">

8. **2. Korinćanima** - *Ministarstvo Crkve*
   a. Božja utjeha
   b. Prikupljanje za siromašne
   c. Poziv apostola Pavla

9. **Galaćani** - *Opravdanje vjerom*
   a. Uvod
   b. Osobno - autoritet apostola i slava Evanđelja
   c. Doktrinarno - opravdanje vjerom
   d. Praktično - Posvećenje Svetim Duhom
   e. Autografski zaključak i poticaj

10. **Efežani** - *Crkva Isusa Krista*
    a. Doktrina - nebeski poziv Crkve
       - Tijelo
       - Hram
       - Misterija
    b. Praktično - zemaljsko ponašanje Crkve
       - Novi čovjek
       - Nevjesta
       - Vojska

11. **Filipljani** - *Radost u kršćanskom životu*
    a. Filozofija za kršćanski život
    b. Uzorak za kršćanski život
    c. Nagrada za kršćanski život
    d. Moć za kršćanski život

12. **Kološani** - *Krist punina Boga*
    a. Doktrina - Krist, Božja punina; u Kristu vjernici su ispunjeni
    b. Praktično - Krist, Božja punina; Kristov život se izlio u vjernike i kroz njih

13. **1. Solunjanima** - *Drugi Kristov dolazak:*
    a. Inspirativna je nada
    b. Radna je nada
    c. To je pročišćavajuća nada
    d. To je utješna nada
    e. To je uzbudljiva, poticajna nada

14. **2. Solunjanima** - *Drugi Kristov dolazak*
    a. Progon vjernika sada; sud nevjernika poslije (Kristov dolazak)
    b. Program svijeta u vezi s Kristovim dolaskom
    c. Praktična pitanja povezana s Kristovim dolaskom

</td></tr>
</table>

15. **1. Timoteju** - *Vlada i red u mjesnoj Crkvi*
    a. Vjera Crkve
    b. Javna molitva i žensko mjesto u Crkvi
    c. Službenici u Crkvi
    d. Otpad u Crkvi
    e. Dužnosti službenika Crkve

16. **2. Timoteju** - *Odanost u danima otpadništva*
    a. Nevolje Evanđelja
    b. Aktivno u službi
    c. Dolazak otpadništva; autoritet Svetoga pisma
    d. Vjernost Gospodinu

17. **Titu** - *Idealna novozavjetna crkva*
    a. Crkva je organizacija
    b. Crkva treba podučavati i propovijedati Riječ Božju
    c. Crkva treba vrđiti dobra djela

18. **Filemonu** - *Otkrij Kristovu ljubav i poduči bratsku ljubav*
    a. Generalni pozdrav Filemonu i obitelji
    b. Dobar ugled Filemona
    c. Milostiva molba za Onezima
    d. Bez krivnje zamjenjuje krivca
    e. Slavna ilustracija imputacije
    f. Opći i osobni zahtjevi

19. **Hebrejima** - *Kristova superiornost*
    a. Doktrina - Krist je bolji od starozavjetne ekonomije
    b. Praktično - Krist donosi bolje koristi i dužnosti

20. **Jakov** - *Etika kršćanstva*
    a. Vjera je testirana
    b. Teškoća kontroliranja jezika
    c. Upozorenje protiv svjetovnosti
    d. Opomene s obzirom na Gospodinov dolazak

21. **1. Petrova** - *kršćanska nada u vrijeme progona i suđenja*
    a. Patnja i sigurnost vjernika
    b. Patnja i Pismo
    c. Patnja i Kristove patnje
    d. Patnja i drugi Kristov dolazak

22. **2. Petrova** - *Upozorenje protiv lažnih učitelja*
    a. Dodavanje kršćanskih milosti daje sigurnost
    b. Autoritet Pisma
    c. Otkupljenje koje je donijelo lažno svjedočanstvo
    d. Stav prema Kristovom povratku: test za otpadništvo
    e. Božja agenda u svijetu
    f. Opomena vjernicima

23. **1. Ivanova** - *Božja obitelj*
    a. Bog je svjetlo
    b. Bog je ljubav
    c. Bog je život

24. **2. Ivanova** - *Upozorenje protiv primatelja varalica*
    a. Hodite u istini
    b. Ljubite jedni druge
    c. Ne primajte obmanu
    d. Pronađite radost u zajedništvu

25. **3. Ivanova** - *Opomena za primanje istinskih vjernika*
    a. Gaj, brate u Crkvi
    b. Diotref
    c. Demetrije

26. **Juda** - *Bori se za vjeru*
    a. Prigoda za poslanicu
    b. Pojava otpadništva
    c. Okupacija vjernika u danima otpadništva

27. **Otkrivenje** - *Otkrivenje Krista*
    a. Kristova osoba u slavi
    b. Posjedovanje Isusa Krista - Crkve u svijetu
    c. Program Isusa Krista - prizor na nebu
    d. Sedam pečata
    e. Sedam truba
    f. Važne osobe u posljednjim danima
    g. Sedam posuda
    h. Pad Babilona
    i. Vječno stanje

Dodatak 18
Kronološka tablica Novog zavjeta
Robert Yarbrough

Datum	Kršćanska povijest	Novi Zavjet	Rimska povijest
oko 28-30	Isusova javna služba	Evanđelja	14-37 Tiberije, imperator
oko 33	Pavlovo obračenje	Djela 9:1-3	—
oko 35	Pavlov prvi posjet Jeruzalemi nakon obračenja	Gal. 1:18	—
oko 35-46	Pavao u Ciliciji i Siriji	Gal. 1:21	—
—	—	—	oko 37-41 Gaj imperator, oko 41-54 Klaudije imperator
oko 46	Pavlov drugi posjet Jeruzalemu	Gal. 2:1; Djela 11:27-50	—
oko 47-48	Pavao i Barnaba na Cipru i Galaciji (1. putovanje)	Djela 13-14	—
oko 48?	Poslanica Galačanima	—	—
oko 49	Koncil u jeruzalemu	Djela 15	—
oko 49-50	Pavao i Sila od sirijske Antiohije preko Male Azije do Makedonije i Ahaje (2. putovanje)	Djela 15:36-18:21	—
oko 50	Poslanica Solunjanima	—	—
oko 50-52	Pavao u Korintu	—	oko. 51-52; Galije, prokonzul Ahaje
Ljeto 52	Pavlov treči posjet Jeruzalemu	—	oko252-59 Feliks, prokurator Judeje
oko 52-55	Pavao u Efezu	—	oko 54-68 Neron, imperator
oko 55-56	Poslanica Korinčanima	—	—
oko 55-57	Pavao u Makedoniji, Iliriku i Ahaji (3. putovanje)	Djela 18:22 – 21:15	—
Rana 57	Poslanica Rimljanima	—	—
Maj 57	Pavlov četvrti (i zadnji) posjet Jeruzalemu	Djela 21:17	—
oko 57-59	Pavao u zatvoru u Cezareji	Djela 23:23	oko. 59; Fest nasljeđuje Feliksa kao Judejski prokurator
Sept. 59	Pavlovo putovanje u Rim započinje	Djela 27-28	—
Feb. 60	Pavao stiže u Rim	—	—
oko 60-62	Pavao u kučnom zatvoru u Rimu	—	—
oko 60-62?	Pisma zatočeništva (Efežanima, Filipljanima, Kološanima, Filemonu)	oko. 62; smrt Festa; Albin prokurator Judeje	—
Oko 65?	Pavlov posjet Španiji (4. putovanje)	—	oko 64, Požar u Rimu
oko. ??	Pastoralne poslanice (1. i 2. Timoteju, Titu)	—	—
oko 65?	Pavlova smrt	—	—

Dodatak 19
Komuniciranje Mesije: odnos Evanđelja
Prilagođeno od N. R. Ericsona i L. M. Perryja. Ivan: Novi pogled na Četvrto Evanđelje

	Matej	Marko	Luka	Ivan
Datum	oko 65	oko 59	oko 61	oko 90
Poglavlja	28	16	24	21
Stihova	1,071	666	1,151	879
Period	36 godina	4 godine	37 godina	4 godine
Slušateljstvo	Židovi	Rimljani	Grci	Svijet
Krist kao	Kralj	Sluga	Čovjek	Sin Božji
Naglasci	Suverenost	Poniznost	Ljudskost	Božanstvo
Znak	Lav	Lisica	Čovjek	Orao
Kraj	Uskrsnuće	Prazan grob	Obečanje Duha	Obečanje drugog dolaska
Pisano u	Antiohiji?	Rimu	Rimu	Efezu
Ključni stih	27.37	10.45	19.10	20.30-31
Ključna riječ	Kraljevstvo	Služba	Spasenje	Vjera
Svrha	Predstavljanje Isusa Krista		Tumačenje Isusa mesije	
Vrijeme da se pročita	2 sata	1 ¼ sati	2 ¼ sati	2 ¼ sati

DODATAK 20

ODGOVARAJUĆI NA ZASTUPANJE: UMNAŽENJE UČENIKA U KRALJEVSTVU BOŽJEM

Dr. Don L. Davis

Tko vas sluša, sluša mene i onaj koji je okreće leđa i odbacuje te također odbacuje mene i onoga koji odbacuje me i odbacuje mog nebeskog Oca koji me poslao (Luka 10,16).

Žar da predstavljamo Krista i Njegovo Kraljevstvo
Luka 10:16

Disciplinirani hod — Duhovna formacija — *1 Tim. 4:7-16*

- Zajedništvo s Bogom
- Gutanje Riječi
- Obožavanje i pohvala
- Osobna svetost
- Korporativna praksa discipline
- Punjenje, hodanje i vođenje Svetim Duhom
- Desetine i darovi: Financijsko upravljanje

Zajednički život — Crkva, brak i obitelj — *Djela 2:42-47*

- Brak i obitelj
- Uključivanje u Crkvu: Katekizam i krštenje
- Aktivno članstvo u mjesnoj crkvi
- Pobožna prijateljstva i odnosi
- Korištenje duhovnih darova u službi članova tijela
- Pokorni pastori i starješine s autoritetom

Vjerni stav — Braneći apostolsku vjeru — *Kol. 2:6-10*

- Glad za Božju riječ
- Razumijevanje nauka o Isusu Kristu
- Narativna teologija Kraljevstva
- Nicejsko vjerovanje: apostolska tradicija
- Utemeljena na osnovama vjere
- S pravom podjelom Riječi istine

Revolucionarna vizija — Gledajući sve kroz Božju priču — *1. Kor. 2:9-16*

- Pokajanje i vjera za obraćenje u Kristu
- Veleposlanstvo: zastupnik Božjeg Kraljevstva
- Slomljenost i ranjivost
- Poniznost i skrušenost pred Bogom
- Usvajanje načina života Isusova sluge

Strast za umnožavanje — Evangelizacija i discipliniranje kroz Crkvu — *2. Tim. 2:1-2*

- Dijeljenje Radosne vijesti s izgubljenim
- Prodirući naš oikos za Krista
- Koristeći svoje duhovne darove za evangelizaciju u Crkvi
- Čuvanje plodova kroz ugradnju: krštenje i katekizam
- Davanje životnog ulaganja: načelo "S njim"
- Vodstvo kao predstavljanje
- Umnožavanje radnika
- Davanje službi i misija

Uvjerljivo svjedočanstvo — Javni život i poziv — *1. Petrova 3:15-16*

- Živjeti svjedočanstvo
- Održavanje čvrstog ugleda Boga-poštovanja među autsajderima
- Održavanje vitalnog svjedočenja kod kuće, na poslu iu susjedstvu
- Pravednost i milosrđe u krugu života
- Odgovorno građanstvo države i svijeta u cjelini

Borbeni duh — Duhovni rat — *Ef. 6:10-18*

- Naoružani umom da trpe
- Identitet kao vojnika Krista
- Svjest o neprijateljskim planovima
- Hrabrost za borbu
- Staviti na sebe cijelu Božju opremu
- Prevladavajuća zagovornička molitva

DODATAK 21
ETIKA NOVOG ZAVJETA
Živjeti u Božjem kraljevstvu naopako
Dr. Don L. Davis

Načelo preokreta

Načelo izraženog	Pismo
Siromasi će se obogatiti, a bogati će postati siromašni	Luka 6:20-26
Zaštitnik zakona i nezaslužni se spasavaju	Mat. 21:31-32
Oni koji se ponizuju bit će uzvišeni	1. Pet. 5:5-6
Oni koji se uzvisuju bit će poniženi	Luka 18:14
Slijepi će vidjeti	Ivan 9:39
Oni koji tvrde da vide, bit će slijepi	Ivan 9:40-41
Postajemo slobodni jer smo Kristovi robovi	Rim 12:1-2
Bog je izabrao ono što je bezumno na svijetu da posramljuje mudre	1. Kor 1:27
Bog je izabrao ono što je slabo na svijetu da bi posramio jake	1. Kor. 1:27
Bog je izabrao niske i prezrene da donese nešta što jeste	1. Kor. 1:27
Dobivamo sljedeći svijet izgubivši ovaj	1 Tim. 6.7
Volite ovaj život i izgubit ćete ga; Mrzite ovaj život, a zadržati će te vječni	Ivan 12:25
Postajete najveći time što ste sluga svih	Mat. 10:42-45
Čuvajući blago ovdje, gubite nebesku nagradu	Mt. 6:19
Čuvajući blago gore, dobivate nebesko bogatstvo	Mt. 6:20
Prihvatite umiranje sebi kako biste u potpunosti živjeli	Ivan 12:24
Oslobodite svu zemaljsku reputaciju da biste dobili nebesku naklonost	Fil. 3:3-7
Prvi će biti posljednji, a posljednji će biti prvi	Marko 9:35
Isusova milost usavršena je u vašoj slabosti, a ne u vašoj snazi	2. Kor. 12:9
Bogu je najveća žrtva kajanje i slom	Ps. 51:17
Bolje je dati drugima nego primiti od njih	Djela 20:35
Dajte sve što imate kako biste primili Božje najbolje	Luka 6:38

Dodatak 22

Isus Krist, predmet i tema Biblije

Dr. Don L. Davis

Prilagođeno od strane Normana Geislera, popularnog istraživanja Starog zavjeta. Grand Rapids, MI: Baker Books, 1977, str

Isus Krist, predmet i tema Biblije Luka 24:27; Heb. 10:7; Mat. 5:17; Ivan 5:39	Dvostruka struktura Biblije	Četverostruka struktura Biblije	Osamstruka struktura Biblije
	Stari zavjet: *Predviđanje* Sakriven Sadržan Zapovijed U sjeni U ritualu Na slici Kao što je predviđeno U proročanstvu U Pre-inkarnacijama	**Zakon** Utemeljenje za Krista	***Zakon:*** Temelj za Krista (Post-Pnz)
			Povijest: Priprema za Krista (Jošua-Estera)
		Proroci Očekivanje Krista	***Poezija:*** Težnja za Kristom (Job –Pjesme nad pjesmama)
			Proroci: Očekivanje Krista (Izaija-Malahija)
	Novi zavjet: *Realizacija* Objavljen Objašnjen Njegovo savršenstvo U biti U stvarnosti Osobno Kao što je ispunjeno U povijesti U utjelovljenju	**Evanđelja** Objava Krista	***Evanđelja:*** Objava Krista (Matej-Ivan)
			Djela: Propagiranje Krista (Djela apostolska)
		Poslanice Tumačenje Krista	***Poslanice:*** Tumačenje Krista (Rim-Juda)
			Otkrivenje: Ispunjenje Krista (Otkrivenje Ivanovo)

DODATAK 23
NEKA BOG USTANE!
Sedam "A" traženja Gospodina i poticanja na njegovu naklonost
Dr. Don L. Davis

#		Tema	Pismo	Svjesnost	Molitveni koncert
1	Klanjanje	• Užitak i uživanje u Bogu • Velika zahvalnost • Priznanje Boga u njegovoj Osobi i Djelima	Ps. 29:1-2 Otk. 4-11 Rim. 11:33-36 Ps. 27:4-8	Božja veličanstvena slava	Okupite se za bogoslužje i molite
2	Prijem	• Bespomoćnost • Bespomoćnost • Svijest o svojoj očajničkoj potrebi za Bogom	Ps. 34:18-19 Izr. 28:13 Dan. 4:34-35 Iz. 30:1-5	Naša slomljenost pred Bogom — Božje lice	Ispovjedite svoju nemoć
3	Dostupnost	• Umiranje za zaokupljenost sobom i ljubavlju prema svijetu • Nema povjerenja u tjelesnu mudrost, resurse ili metodu • Posvećivanje sebe kao živih žrtava Bogu	Rim. 12:1-5 Ivan 12:24 Phil. 3:3-8 Gal. 6:14	Naše donosnosti Bogu	Predajte sve svoje Kristu
4	Buđenje *Globalno i lokalno*	• Osvježenje: izlijevanje Duha Svetoga na Božji narod • Obnova: Poslušnost velikoj zapovijedi - Ljubiti Boga i susjeda • Revolucija: Radikalna nova orijentacija prema Kristu kao Gospodinu	Hoš. 6:1-3 Ef. 3:15-21 Mat. 22:37-40 Ivan 14:15	Traženje ispunjenja Duhom — Punina	Žarko se zalažem u ime drugih
5	Napredovanje *Globalno i lokalno*	• Pokreti: dosezi u neostvarene, pionirske regije • Mobilizacija: svake skupštine da ispuni Veliko poslanje • Vojni način razmišljanja: Usvajanje mentaliteta ratovanja kako bi patili i trpjeli tvrdoću u duhovnom ratovanju	Djela 1:8 Marko 16:15-16 Mat. 28:18-20 Mat. 11:12 Luke 19:41-42 2 Tim. 2:1-4	Traženje pokreta Duha — Ispunjenje	
6	Potvrda	• Davanje Svjedočanstva o onome što je Gospodin učinio • Izazovite jedni druge govoreći istinu u Ljubavi	Ps. 107:1-2 Heb. 3:13 2 Kor. 4:13 Mal. 3:16-18	Otkupljeni kažu — Vjera	Potičite jedni druge u istini i svjedočanstvu
7	Priznanje	• strpljivo čekati Boga da djeluje u svom vremenu i svojim metodama • Živjeti pouzdano kao da Bog odgovara na naše molbe • Djelujući kao da će Bog učiniti upravo ono što kaže	Ps. 27:14 2. Ljet. 20:12 Izr. 3:5-6 Je. 55:8-11 Ps. 2:8	Držimo naše oči na Gospodinu — Bitka	Bacite se na posao i čekajte

Tražite Gospodina — Zaharija 8:18-23 • Izaija 55:6 (retci 1–3)

"Molim Gospodina milost" — Zaharija 8:18-23 • Jeremija 33:3 (retci 4–7)

DODATAK 24
NICEJSKO VJEROVANJE

Vjerujemo u jednog Boga, Svemogućeg Oca, stvoritelja neba i zemlje i svih vidljivih i nevidljivih stvari.

Vjerujemo u jednog Gospodina Isusa Krista, jedinorođenoga Sina Božjega, rođenog od Oca prije svih vjekova, Boga od Boga, Svjetla od Svjetla, Istinitog Boga od Istinitog Boga, rođenog ne stvorenog, iste biti kao i Otac koji je sve stvorio.

Koji je za nas ljude i za naše spasenje sišao s neba i utjelovio se po Duhu Svetom i Djevici Mariji i postao čovjekom. Tko je za nas također bio razapet pod Poncijem Pilatom, trpio i bio pokopan. Treći dan uskrsnuo je po Pismima, uzašao na nebo i sjeo je s desne strane Oca. On će ponovno doći u slavi suditi žive i mrtve, i njegovo Kraljevstvo neće imati kraja.

Vjerujemo u Duha Svetoga, Gospodina i životvoritelja, koji dolazi od Oca i Sina. Tko se zajedno s Ocem i Sinom slavi i proslavlja. Koji je govorio po prorocima.

Vjerujemo u jednu svetu, katoličku i apostolsku crkvu.

Priznajemo jedno krštenje za oproštenje grijeha i tražimo uskrsnuće mrtvih i život budućeg života. Amen.

DODATAK 25

NICEJSKO VJEROVANJE
S biblijskom podrškom

Institut za urbanu misiju

Vjerujemo u jednog Boga, (Pnz 6:4-5; Marko 12:29; 1 Kor 8:6)
    Oca Svemogućega, (Postanak 17:1; Dan 4:35; Matej :9; Ef 4:6; Otk. 1:8)
    Stvoritelja neba i zemlje (Postanak 1:1; Iz 40:28; Otk 10:6)
    i svega što je vidljivo i nevidljivo. (Ps. 148; Rim 11:36; Otk. 4:11)

Vjerujemo u jednog Gospodina Isusa Krista, jedinog Sina Božjega, rođenog od Oca prije svih
    vjekova, Boga od Boga, Svjetlo od Svjetla, Istinitog Boga od pravog Boga, rođenog ne
    stvorenog, iste biti kao i Otac,
        (Ivan 1:1-2; 3:18; 8:58; 14:9-10; 20:28; Kol 1:15,17; Heb 1:3-6)
    po kojemu je sve stvoreno. (Ivan 1:3; Kol 1:16)

Koji je za nas ljude i za naše spasenje sišao s neba i utjelovio se po Duhu Svetom i Djevici
    Mariji i postao čovjekom.
        (Matej 1:20-23; Ivan 1:14; 6:38; Luka 19:10)
    Tko je za nas također bio razapet pod Poncijem Pilatom, trpio je i bio pokopan.
        (Matej 27:1-2; Marko 15:24-39, 43-47; Djela 13:29; Rim 5:8; Heb 2:10; 13:12)
    Trećeg dana uskrsnuo je po Pismima,
        (Marko 16:5-7; Luka 24:6-8; Djela 1:3; Rim 6:9; 10:9; 2 Tim. 2:8)
    uznesen na nebo i sjedi s desne strane Oca.
        (Marko 16:19; Ef 1:19-20)
    On će ponovno doći u slavi suditi žive i mrtve, i njegovo Kraljevstvo neće imati kraja.
        (Iz 9:7; Matej 24:30; Ivan 5:22; Djela 1:11; 17:31; Rim 14:9; 2 Kor 5:10; 2 Tim. 4:1)

Vjerujemo u Duha Svetoga, Gospodina i davatelja života (Post 1:1-2; Job 33:4; Ps 104:30;
    139:7-8; Luka 4:18-19; Ivan 3:5-6; Djela 1:1-2; 1 Kor. 2:11;
    koji dolazi od Oca i Sina, (Ivan 14:16-18, 26; 15:26; 20,22)
    koji se zajedno s Ocem i Sinom klanjaju i proslavljaju,
        (Iz. 6:3; Matej 28:19; 2 Kor 13:14; Otk 4:8)
    koji je govorio po prorocima. (Brojevi 11:29; Mih. 3:8; Djela 2:17-18; 2 Pet. 1:21)

Vjerujemo u jednu svetu, katoličku i apostolsku Crkvu.
    (Matej 16:18; Ef 5:25-28; 1 Kor 1:2; 10:17; 1 Tim 3:15; Otkrivenje 7:9)

Priznajemo jedno krštenje za oproštenje grijeha (Djela 22:16; 1 Pet. 3:21; Ef. 4:4-5).
    I tražimo uskrsnuće mrtvih i život budućeg doba.
        (Iz 11:6-10; Mih. 4:1-7; Luka 18:29-30; Otk. 21:1-5; 21:22-22:5)
    Amen.

Nicejsko vjerovanje s biblijskom podrškom - stihovi za pamćenje

Ispod su predloženi stihovi za pamćenje, po jedan za svaki dio vjere.

Otac
Otkrivenje 4:11

Sin
Ivan 1:1

Misija Sina
1. Korinćanima 15:3-5

Duh Sveti
Rimljanima 8:11

Crkva
1. Petra 2:9

Naša nada
1. Solunjanima 4:16-17

DODATAK 26
APOSTOLSKO VJEROVANJE

Vjerujem u Boga, Oca Svemogućeg, Stvoritelja neba i zemlje; u Isusa
Krista njegovog jediniog Sina, našeg Gospodina; koji je začet od Duha
Svetoga, rođen od Djevice Marije, koji je pod Poncijem Pilatom trpio,
bio razapet, umro i pokopan; sišao u pakao; treći dan ustade iz mrtvih;
uzašao je na nebo i sjedi s desne strane Boga Oca svemogućeg; odatle će
doći suditi žive i mrtve.

Vjerujem u Duha Svetoga, svetu katoličku crkvu, zajedništvo svetih,
oproštenje grijeha, uskrsnuće tijela i život vječni. Amen.

www.ingramcontent.com/pod-product-compliance
Lightning Source LLC
Chambersburg PA
CBHW081136090426
42740CB00014BA/2877